PARLONS FON

Langue et Culture du Bénin

Dominique Fadaïro

L'Harmattan
5-7, rue de l'École-Polytechnique
75005 Paris
FRANCE

L'Harmattan Hongrie
Hargita u. 3
1026 Budapest
HONGRIE

L'Harmattan Italia
Via Bava, 37
10214 Torino
ITALIE

ISBN : 2-7475-1591-5

DEDICACE

A mes trois filles,

Muriel Aïna

Séverine Adebola

Marie-Aude Monrênikê

Elles pourront ainsi approfondir leur connaissance du Bénin.

A tous les amis de l'ancienne Côtes des Esclaves,

aujourd'hui modèle de liberté et de démocratie.

REMERCIEMENTS

—o-o-o—

A DANIELE, mon épouse.

Elle a assuré la frappe et la présentation de ce livre.

Ce fut une lourde tâche.

A Monsieur Michel MALHERBE,

Directeur de la Collection "Parlons".

Il a suivi de près la réalisation de cet ouvrage

et su prodiguer de justes conseils.

A toute l'équipe des éditions L'HARMATTAN,

qui fait le maximum

pour la diffusion des civilisations dites "minoritaires".

AVANT-PROPOS

Le fon ou **fongbè** est, de par le nombre de ses locuteurs, la plus importante des quinze principales langues du Bénin.

La population béninoise est actuellement estimée à six millions cinq cent mille habitants. Les deux tiers d'entre eux parlent le fon proprement dit et une dizaine de langues voisines appartenant au même groupe "kwa", à savoir le gun, le guen, le mina, le adja, le tofin, le aïzo, le mahi, le kotafon, le wachi, le houla et le yoruba. Le dernier tiers est composé de locuteurs de plusieurs idiomes relevant de quatre familles différentes selon la classification de Greenberg :

- le dendi et le jerma, au nord-est dans la province du Borgou, de la famille "nilo-saharienne" ou "songhaï" ;
- le bariba ou baatonum des Baatomba, au nord-est dans la province du Borgou, de la famille des langues voltaïques ou Gur et du groupe Gurunsi ;
- le yom des Yoma, le wama des Waba, le somba des Batamariba, au nord-ouest dans la province de l'Atacora, de la famille des langues voltaïques ou Gur et du groupe Gurma ;
- le peul (fulde, fulfulde ou fulani), au nord-est dans la province du Borgou, de la famille ouest-atlantique ;
- enfin, le haoussa, répandu dans tout le septentrion, de la famille "afro-asiatique".

Ces deux ensembles linguistiques ont contribué à créer au Bénin deux grandes entités socioculturelles spécifiques, localisées respectivement dans le sud et le nord du pays.

Bien que le français demeure encore la langue officielle, les Béninois utilisent plus couramment les parlers nationaux, reflets de leur vision du monde, de leur mentalité et de leurs moeurs, qu'au-delà du pur système de communication, nous souhaitons que ces pages permettent d'appréhender dans quelques-uns de leurs aspects.

LE BENIN,
repères géographiques et historiques

GEOGRAPHIE

L'actuelle République du Bénin, ex-Dahomey, située en Afrique de l'Ouest, s'étend sur une superficie de 112.622 km^2. Limité au nord par le Niger et le Burkina-Faso, au sud par l'Océan Atlantique, à l'est par le Nigeria et à l'ouest par le Togo, le pays compte de nos jours environ six millions et demi d'habitants, composés d'une vingtaine d'ethnies autochtones (Adja, Fon, Aïzo, Mahi, Yoruba, Nago, Somba, Bariba, Dendi, Peul, Haoussa, Batombu, Waaba, Natemba, etc.) et d'un bon nombre d'étrangers (Africains, Asiatiques, Européens et Américains). Cette population inégalement répartie se concentre au sud où elle atteint 70 %.

Par loi n° 97-028 du 15 janvier 1999 portant organisation de l'administration territoriale de la République du Bénin, le pays a été redécoupé en douze Départements au lieu de six : l'Alibori, l'Atacora, l'Atlantique, le Borgou, les Collines, le Couffo, la Donga, le Littoral, le Mono, l'Ouémé, le Plateau et le Zou.

HISTOIRE

Sur le plan historique et politique, la République du Bénin a connu cinq grandes périodes plus ou moins longues.

La période précoloniale, des origines jusqu'au 19e siècle

Elle fut caractérisée par les guerres entre les royaumes d'Abomey, Ouidah, Allada, Adjachè (Porto-Novo), Savalou, Kétou, Savè, Nikki, Kandi, Kouandé, Parakou, Bariba, Djougou, par le commerce triangulaire Afrique-Europe-Amérique et la traite négrière qui, durant près de deux siècles (de 1670 à 1852 selon

R. Cornevin), a vidé l'Afrique Noire de plus de la moitié de ses meilleurs fils et de ses bras valides.

La période coloniale (1894-1960)

Elle fut marquée, pendant soixante-six ans, par la mise en place de l'armature administrative et des infrastructures socio-éducatives, puis par l'organisation de l'exploitation des ressources naturelles du pays.

La période néo-coloniale (1960-1972)

Après les indépendances de 1960, les Gouvernements se sont succédés pratiquement tous les deux ans, avec les mêmes personnalités politiques : Hubert Maga, Justin Ahomadégbé et Sourou Migan Apithy, respectivement leaders des régions nord, centre et sud du territoire.

La révolution marxiste-léniniste (1972-1990)

Elle a été conduite de main de fer par le Gouvernement militaire du Lieutenant-Colonel Mathieu Kérékou pendant dix-sept années qui ont vu l'instauration du "Parti-Etat".

La période du "Renouveau Démocratique" (depuis 1990)

Elle a débuté le 28 février 1990, à l'issue d'une Conférence Nationale des Forces Vives convoquée par le Gouvernement pour sortir de la crise économique et sociale qui paralysa le pays pendant près de huit mois.

Après une année de transition, le Premier Ministre Nicéphore Soglo, élu Président en mars 1991, a consacré son quinquennat au redressement de l'économie nationale et à la mise en place des institutions démocratiques. Mais, en avril 1996 puis en mars 2001, il a été battu aux élections par le Général Mathieu Kérékou.

Carte d'identité

Nom officiel : République du Bénin

Population : environ 6,5 millions

Superficie : 112.622 km^2

Capitale : Porto-Novo

Siège du Gouvernement et capitale économique : Cotonou

Villes principales et chefs-lieux des Provinces : Cotonou, Porto-Novo, Lokossa, Abomey, Parakou, Natitingou

Analphabétisme : 75 % en 1995

Scolarisation globale des jeunes : 70 %

Monnaie : le franc CFA
1 FF = 100 FCFA ; 1 euro = 650 FCFA

Climat : chaud et humide au sud ; chaud et sec au nord

Température moyenne : entre 25 et 35° C

Principales exportations : coton, huile de palme, maïs, ignames, arachides, ananas, manioc

Religions :
animisme (70 %), christianisme (23 %), islam (7 %)

Langue officielle : le français

Autres langues courantes : le fon, le yoruba, le dendi, le bariba, le somba, le adja, le mina

Economie : le Bénin fait partie des vingt-deux pays les moins avancés (P.M.A.), mais dispose de nombreuses potentialités inexploitées.

LES FON

LOCALISATION

Au Bénin, lorsqu'on parle des Fon, on pense immédiatement à Abomey, capitale historique de l'ex-Dahomey. C'est en effet dans cette ville, située à 135 km au nord-ouest de Cotonou, que s'est constituée la culture fon pour se diffuser ensuite dans l'ancien royaume du "Danxomê", puis dans toute la partie méridionale et centrale du pays et du Togo limitrophe. Dans *Proverbes et dictons du Bénin* (1981, p. 8), M. Kouaovi témoigne du rayonnement du royaume d'Abomey qui, "grâce à sa florissante cour, à sa puissante armée, à son administration très hiérarchisée, devint un point de mire qui attira tous ses voisins".

De nos jours, les Fon du Bénin sont fortement localisés dans les régions de Cotonou (capitale économique du pays), d'Allada (ville historique située à 50 km au nord-ouest de Cotonou), de Ouidah (vieux comptoir européen, célèbre pour le trafic des esclaves, à 45 km à l'ouest de Cotonou) et d'Abomey. Mais il faut noter l'existence d'autres langues du sous-groupe adja-fon ayant une intercompréhension suffisante et dont les locuteurs sont les Mahi de la région de Savalou, les Adja, Mina et Guen, Wachi, Houéda, Houla et Kotafon du Département du Mono, les Goun ou Gun et les Wémê du Département de l'Ouémé, enfin les Aïzo, riverains du Lac Nokoué (voir sur la carte du Bénin).

Croyances et pratiques religieuses

Dans l'ensemble, les différentes entités du groupe Adja-Fon sont soutenues par des valeurs et des croyances traditionnelles communes qui consistent dans la foi en un Etre Suprême, "Mahou", dans une conception animiste et polythéiste de l'univers, dans le culte des Ancêtres, dans le respect des personnes âgées et de l'autorité, dans la solidarité familiale et clanique ou régionale, puis dans une grande ouverture d'esprit pour tout syncrétisme ou toute symbiose salutaire entre l'Ancien et le Nouveau.

Ces dispositions se sont concrétisées par une diversité de moeurs et de pratiques religieuses, sociales, artistiques et économiques rythmant toutes les saisons de l'année et qui peuvent se regrouper sous le vocable général de "Culte Vodoun".

Selon Barthélémy Adoukonou (1979, pp. 197-198 et 214), "habituellement, le terme vodoun désigne des êtres mystérieux auxquels un culte est voué" ou encore "ce qui échappe à notre compréhension".

Le panthéon fon se compose, d'une part de "vodoun" publics ou de portée générale, à savoir les divinités créatrices, les divinités célestes et les divinités terrestres, d'autre part de "vodoun" familiaux ou ancestraux. A tous, des cultes sont rendus quotidiennement et annuellement pour la protection du *pays*, **tò**, et pour la perpétuation de la *force vitale*, **sɛ**, des êtres humains.

Origine historique et mythique

Selon la tradition orale où se mêlent histoire, légende et épopée, l'origine des trois grands royaumes fon d'Allada, Abomey et Porto-Novo se situerait sur les rives du fleuve Mono, dans le village de Tado ou Sado, sur le territoire de l'actuel Togo.

Faute de documents historiques et archéologiques fiables, aucune étude sérieuse n'a pu, à notre connaissance, être menée sur le sujet. C'est pourquoi nous nous contentons de résumer, après Maximilien Quénum (1936), Montserrat Palau-Marti (1964), Claude Savary (1976), Barthélémy Adoukonou (1979), Georges Guédou (1985) et tant d'autres, les différentes versions du mythe d'origine des Fon du Bénin, dont la suivante est communément admise.

Une fille du roi de Tado (ou Sado), qui a eu des rapports, en brousse, avec une *panthère mâle*, **kpɔ̀**, met au monde un garçon nommé Agasu dont elle n'avoue pas l'origine. Devenu grand, ce fils aspire au trône, mais il en est écarté. Plus tard, son clan, celui des Agasuvi, entre en lutte contre les autres familles princières et supprime leur candidat à la succession. Agasu doit s'exiler avec les siens pour avoir versé le sang royal. En pays aïzo, le chef de la migration reçoit le surnom de "Adjahouto", qui signifie *assassin des Adja*. Après un séjour à Allada, marqué par de nombreuses querelles et aventures, deux des trois descendants mâles d'Agasu s'en vont fonder les royaumes d'Abomey et de Hogbonou, ville encore nommée Adjachê ou Porto-Novo.

Selon cette légende, l'ancêtre éponyme des Fon serait de lignée maternelle, contrairement à la coutume. La symbolique de la panthère mâle occulte et sacralise en même temps une paternité inavouable. Mais à Abomey, la société ne reconnaît-elle pas, encore de nos jours, une certaine liberté de moeurs aux *princesses*, les **Nà**, dont les enfants appartiennent à la famille royale et non à celle de leur père géniteur ?

Par ailleurs, ce félin représente dans l'imaginaire des Fon la ruse et la force dont usèrent les fils d'Agasu, les **kpɔ̄vi**, dans leurs querelles de succession ou leurs guerres de conquête.

LA LANGUE FON

GROUPE LINGUISTIQUE, LANGUES VOISINES ET CARACTERISTIQUES

Selon la classification de J. H. Greenberg dans *Languages of Africa*, publié en 1963 et qui "reste la référence la plus communément utilisée par les linguistes spécialistes des langues du Golfe de Guinée" (*Les langues dans le monde ancien et moderne*, p. 141), la *langue fon*, **fongbè**, appartient au sous-groupe Kwa du groupe Niger-Congo, de la famille Congo-kordofan. L'ensemble linguistique Kwa couvre actuellement cinq pays : la Côte d'Ivoire, le Ghana, le Togo, le Bénin et le Nigeria. Il comprend les langues Kwa de l'ouest (dont le fon), et le reste (dont le yoruba, largement parlé au Bénin). Les langues Kwa de l'ouest se subdivisent en sous-groupes oriental, occidental et gan-adangmé du Ghana. Les dialectes ou parlers apparentés au fon s'inscrivent dans les sous-groupes oriental et occidental ; ils sont appelés **ewé-adja** par certains, **adja-tado** par d'autres ou encore sous-groupe **gbè** (mot qui signifie *langue, énoncé*) et comportent une trentaine d'idiomes dont les principaux sont, par ordre alphabétique : **adja-gbè, ahlon-gbè, aïzo-gbè, ewé-gbè, fon-gbè, goun-gbè, guen-gbè, houéda-gbè, houla-gbè, kotafon-gbè, mahi-gbè, ouachi-gbè, ouémê-gbè.**

Les traits spécifiques généraux de ces treize parlers sont exactement ceux relevés par Pierre Alexandre à propos des langues du groupe Kwa : "La phonologie et la tonologie sont complexes. Les tons jouent un rôle d'autant plus important que les racines des mots sont monosyllabiques et que de nombreuses séries homophoniques ne se distinguent que par le ton. Il n'y a pas de distinction morphologique entre racines verbales et nominales. La morphologie est très réduite, les "mots" se forment par composition plutôt que par dérivation [...]. Pas de genre grammatical." (1967, p. 88) Par ailleurs, ces langues présentent une structure syllabique ouverte, de type CV, CVCV (consonne-voyelle), contrairement à celles du groupe Gur ou Voltaïque.

CONVENTION D'ECRITURE

Par décret n° 75-272 du 24 octobre 1975, la République du Bénin a adopté un alphabet national dont les signes présentent seulement quelques différences avec ceux de l'Institut International Africain (I.A.I.) de Londres, à savoir :

- les digraphes ou combinaisons de deux consonnes produisant un seul son :

  /**kp**/, labio-vélaire sourde,
  /**gb**/, labio-vélaire sonore,
  /**ny**/, nasale palatale ;

- la consonne /**n**/ pour marquer, si besoin, la nasalisation très fréquente en fon.

Cet ouvrage étant destiné au public le plus large possible, nous adoptons cet alphabet officiel.

L'ALPHABET FON

L'alphabet national fon constitue un système de trente-six sons ou phonèmes représentés par un ensemble de symboles dont vingt-et-une consonnes simples, trois digraphes, sept voyelles orales et cinq voyelles nasales.

De même que chacun de ces signes, les tons ont une fonction distinctive ; aussi devons-nous les présenter afin d'illustrer plus clairement la liste des trente-six lettres de cet alphabet. En fon, on retient généralement quatre tons principaux qui se placent sur les voyelles (le ton moyen, souvent, n'est pas noté) :

- un ton bas : /...̀/, exemple : **tò**, *le pays*
- un ton haut : /...́/, exemple : **tó**, *les oreilles*
- un ton moyen : /...̄/, exemple : **tō**, *d'abord*
- un ton modulé bas-haut : /...̌/, exemple : **dǒ**, *le mur* différent de **dò**, *le trou*

Les vingt-et-une consonnes simples

B-b, comme en français, exemple **bǐ**, *tout*
C-c, comme dans le nom "Tchad", exemple **cávì**, *clé*
D-d, comme en français, exemple **dò**, *trou*
Ɖ-ɖ rétroflexe, n'existe pas en français, ex. **ɖà**, cheveu
F-f, comme en français, exemple **fí**, *ici*
G-g, dur comme dans "gare", exemple **gò**, *bouteille*
H-h, aspiré comme dans "haine", exemple **hǎ**, *rasoir*
J-j, "dj" comme dans le nom "N'djamena", ex. **jǐ**, *pluie*
K-k, comme en français, exemple **ká**, *calebasse*
L-l, comme en français, exemple **lè**, *bénéfice*
M-m, comme en français, exemple **mǎ**, *épinard*
N-n, comme en français, exemple **nafí**, *tante maternelle*
P-p, comme en français, exemple **pépéé**, *éclatant*
R-r, comme en français, exemple **àdrà**, *malheur*
S-s, comme en français, exemple **sí**, *queue*
T-t, comme en français, exemple **tò**, *pays*
V-v, comme en français, exemple **vǐ**, *enfant*
W-w, comme dans "ouate", exemple **wǒ**, *dix*
X-x, comme en allemand "nach", exemple **xó**, *parole*
Y-y, comme dans "yaourt", exemple **yà**, *pauvreté*
Z-z, comme en français, exemple **zò**, *le feu*

Les trois digraphes

GB-gb, en un seul son, exemple **gbadé**, *maïs*
KP-kp, en un seul son, exemple **kpò**, *bâton*
NY-ny, comme dans "pagne", exemple **nyà**, *un quidam*

Les sept voyelles orales

A-a comme en français, exemple **àtá**, *beignet de haricot*
E-e comme dans "été", exemple **teví**, *igname*

Ɛ-ɛ comme dans "tête", exemple **ɖɛ̌**, *la langue* (l'organe)

I-i comme en français, exemple **jìví**, *couteau*
O-o comme dans "mot", exemple **gò**, *bouteille*

Ɔ-ɔ comme dans "porte", exemple **tɔ́**, *père*

U-u "ou", comme dans "cou", exemple **kú**, *mort*

Les cinq voyelles nasales

Tout comme les précédentes, les cinq voyelles nasales sont brèves ou longues. Le signe de la nasalisation /**n**/, lorsqu'il est indispensable, suit immédiatement la voyelle orale simple ou double. Ce sont :

AN-an comme dans "tante", exemple **àtán**, *barbe*

ƐN-ɛn comme dans "main", exemple **tɛ̀n**, *place*

IN-in voisin de "signe", exemple **sìn**, *l'eau*
ON-ɔn comme dans "don", exemple **hòn**, **hɔ̀n**, *porte*

UN-un n'existe pas en français, exemple **fún**, *poil*

MORPHOLOGIE

Pour communiquer, la langue fon dispose de deux groupes d'unités significatives : celui des "verbaux", qui expriment une action ou un état, et celui des "nominaux", qui englobent tous les autres éléments du système.

Une particularité qui rend l'apprentissage du fon relativement facile réside dans le fait que "verbaux" et "nominaux" ne subissent aucun changement morphologique ; ils ne connaissent ni flexions de mode ou de temps, ni modifications dues au nombre ou au genre, tous ces aspects étant plutôt indiqués par des marques ou "particules" pré- ou post-posées.

Les "verbaux"

Remarque préliminaire : pour la conjugaison des verbes, nous proposons ici un tableau sommaire des pronoms personnels sujets, en attendant de développer plus loin la longue catégorie des nominaux.

- **un** ("u" nasalisé, inexistant en français), *je*
- **à,** *tu*
- **é,** *il, elle*
- **mǐ**, *nous*
- **mi,** *vous*
- **yě**, *ils, elles*

Dans la classe des verbaux, on distingue les présentatifs et les verbes.

• **Les présentatifs**

Ils sont au nombre de trois et placés après l'unité ou le groupe qu'ils affectent :

ɖíè	*voici,*
nɛ	*voilà,*
wɛ̀	*c'est.*

Alors que **nɛ** et **wɛ̀** peuvent servir à présenter un nom, un pronom, un verbe ou toute une phrase, **ɖíè** n'est utilisé que pour le nom et le pronom.

ɖíè	**cávì ɖíè**	(= clé voici) *voici la clé,*
	bì ɖíè	(= tout voici) *voici tout.*
nɛ	**cávì nɛ**	(= clé voilà) *voilà la clé,*
	bǐ nɛ	(= tout voilà) *voilà tout,*
	jì wá nɛ	*voilà venue la pluie.*

wɛ̀	**cávì wɛ̀**	(= clé c'est) *c'est la clé,*
	bǐ wɛ̀	(= tout c'est) *c'est tout.*
	jì kó wá wɛ̀	pluie-particule-venir-c'est *c'est que les pluies sont arrivées.*

• **Les verbes**

Dans un énoncé, les verbes peuvent apparaître sous trois formes : le radical seul, le radical suivi d'une particule et la forme progressive.

Le radical seul exprime l'impératif à la 2e personne du singulier :

exemples : **wǎ**, *viens*, **ɖù**, *mange*

Pour la 2e personne du pluriel de l'impératif, le radical est précédé du pronom **mi**, *vous*.

Exemples : **mi wá**, *venez*
mi ɖù, *mangez*

L'impératif peut être renforcé avec la particule **bó** placée avant et après le radical verbal.

Exemples : **bó wá** ou **wà bó**, *viens donc*
mí bó wá ou **mí bó wá bó**, *mais venez donc*

La nuance d'exhortation s'exprime par la particule **vɛ̌**, traduisant le conseil ou l'encouragement.

Exemples : **vɛ̀ wá**, *tâche de venir*
mi vɛ́ wá, *tâchez de venir*

Accompagné d'un sujet (nominal ou pronominal), le radical seul exprime l'accompli ou l'aoriste, ou mieux "soit l'action à son terme, soit l'action à son début" (*Dictionnaire de linguistique*, Larousse).

Exemples : **Kofí kpón**, *Kofi a regardé.*
é ɖù, *il a mangé.*
Kofí yì, *Kofi est parti.*
é kló, *il est gros.*
un jǎwè, *j'arrive.*
é xwè kútɔnú, *il va à Cotonou.*

Le radical précédé d'une particule exprime :

- *le futur*, avec insertion de la particule **nǎ** ou **ná** entre le sujet et le verbe :
  exemples : **Kofí ná yì**, *Kofi va partir ou partira.*
  é ná kló, *il va grossir, il sera gros.*
  un ná (nà) bló, *je ferai.*
- *l'habituel*, avec la particule **nɔ** placée entre le sujet et le verbe :
  exemples : **é nɔ ɖɔ̀xó dín** (il, elle, habitude, parler, trop)
  Il (elle) parle trop.
  Kofí nɔ nù àzɔ̀ (Kofi, habitude, boire, fumée).
  Kofi fume, Kofi est fumeur.
- *le passé accompli*, avec la particule **ko** insérée entre le sujet et le verbe :
  exemples : **Kofí ko yì**, *Kofi est déjà parti.*
  ún ko bló, *j'ai déjà fait.*
- *le souhait*, avec la particule **ní** ou parfois **ló** placée entre le sujet et le verbe (une troisième particule **nú**, variante de **ní**, sert à traduire le subjonctif) :
  exemples : **Mǎwù ní xɔ̀ mǐ**, *que Dieu nous sauve.*
  Kofí ló cɔ́ éɖé.
  que Kofi fasse attention à lui-même.

Remarque sur les particules : dans un énoncé, le ton des particules subit l'influence des sons voisins sans changer le sens de la phrase.
Exemples : **à nà bló**, *tu feras*, **é ná bló**, *il fera.*

<u>*La forme progressive*</u>

- L'action en train de s'accomplir s'exprime à l'aide de l'unité significative discontinue **ɖo... wɛ̀** que l'on retrouve aussi sous la variante **wɛ̀... ɖè** pour l'interrogation et pour la mise en relief d'un terme.

Exemples :

Avec un complément d'objet

Kofí ɖò sín nú wɛ̀.

1 2 3 4 5

Kofi est en train de boire de l'eau.

1 2+5 4 3

Avec un pronom interrogatif

Etɛ́ nú wɛ̀ Kofí ɖè.

1 2 3 4 5

Qu'est-ce que Kofi est en train de boire ?

1 4 3+5 2

Avec une mise en relief

Kútɔnú yí wɛ̀ Kofí ɖè.

1 2 3 4 5

C'est à Cotonou que Kofi est en train d'aller.

0 0 1 0 4 3+5 2

- Sans complément d'objet : le verbe est redoublé et l'on obtient :

Kofí ɖò yíyí wɛ̀.

Kofi-est-partir partir-en train de

Kofi est en train de partir.

- Dans le cas de la mise en relief de l'action, la phrase devient :

Yíyí wɛ̀ Kofí ɖè.

C'est que Kofi est en train de partir.

- *Remarques*

L'élément **wὲ** peut être omis.

Il existe de nombreuses variantes contextuelles et/ou régionales dont l'exposé théorique ne paraît pas utile dans cet ouvrage : avec l'usage, on s'y habitue assez rapidement.

Toutes les particules **ná**, **nɔ**, **kó** s'utilisent dans la forme progressive pour indiquer le futur, l'habituel et l'accompli (ou le passé).

Exemples : **Kofí ná ɖò yíyí wὲ.**
Kofi sera en train de partir.
Kofí kó ɖò yíyí wὲ.
Kofi était déjà en train de partir.

Les "nominaux"

Par opposition aux "verbaux", les "nominaux" regroupent toutes les unités significatives qui n'expriment pas une action ou un état. Elles servent à désigner des réalités abstraites ou concrètes et à les déterminer d'une manière spécifique.

En référence à la grammaire française, il s'agit de la classe des noms, pronoms, articles, adjectifs, adverbes et prépositions.

• Le nom simple

Comme le verbe, le nom ou le substantif, qu'il soit simple ou composé, ne varie pas : il ne connaît pas de flexions et garde la même forme au masculin ou au féminin, au singulier ou au pluriel. Par contre, il existe divers procédés simples pour exprimer toutes ces nuances.

1° Deux mots différents peuvent servir à exprimer le masculin et le féminin :

- **tɔ́**, *père* **nɔ̀**, *mère*
- **àsú**, *époux, mâle* **asì**, *épouse, femelle*

2° On précise le genre d'un nom en le faisant suivre des termes suivants :

- **súnù**, *homme*, **nyǒnù**, *femme* pour les êtres humains

Exemples : **vǐ súnù** = enfant homme = *garçon*

vǐ nyǒnù = enfant femme = *fille*

- **àsú**, *mâle*, **asì**, *femelle* pour les animaux et les végétaux

  Exemples : **kokló àsú** ou **kokló-sú** = *coq*

  kokló asì ou **kokló-sì** = *poule*

3° Le pluriel s'exprime si nécessaire avec différents mots placés après le nom comme suit :

- **asì wè**, *deux épouses*
- **asì gègé**, *plusieurs épouses*
- **asì lɛ́**, *les épouses*
- **asì ɔ́ lɛ́**, *les épouses-ci, les épouses-là*

• **Le nom composé** (sa formation)

Nombreuses sont les combinaisons qu'utilise la langue fon pour la formation des nominaux complexes. Nous n'en ferons ici qu'un exposé sommaire mais suffisamment clair pour répondre aux préoccupations du lecteur.

1° La juxtaposition de deux noms :

- **afɔ-ví** = **afɔ̀-vǐ** = pied petit = *orteil*

2° La nominalisation du verbe par redoublement total ou partiel :

- **yì**, *partir* **yiyì**, *départ, fait de partir*

- **wǎ**, *venir* **wìwǎ**, *venue, arrivée*
- **kpón**, *regarder* **kpínkpón**, *le fait de regarder*
- **sísɔ́**, *trembler* **sísɔ́sísɔ́**, *tremblement*
- **sè**, *entendre* **sisè**, *le fait d'entendre*

3° La composition d'un nom et d'un verbe redoublé :
- **kòmɛ̀** = **kò-mɛ̀** = rire, personne = *se moquer*
- **mɛkikò** = le fait de rire d'une personne = *moquerie*

4° L'utilisation d'un énoncé formant une phrase :
- **hwèlɛkɔ̀** = **hwè-lɛ̌-kɔ̀** = soleil-tourner-cou = le soleil s'est retourné = *l'après-midi,*
- **jimakplón** = **jì-ma-kplón** = engendrer-ne pas-éduquer = *un mal élevé, un impoli.*

5° La suffixation des particules ***nù, nɔ̀*** *et* ***tɔ́,*** *qui indiquent respectivement l'origine ou la provenance, la possession et l'agent :*
- **Àgbomɛnù** = **Àgbomɛ-nù** = *originaire d'Abomey,* mais, pour un nom déjà terminé par **nù**, on utilise le suffixe **tɔ́** : **Kútɔ́nútɔ́** = *originaire de Cotonou*
- **Vodúnnɔ̀** = **Vodún-nɔ̀** = *possesseur, chef du Vodoun*
- **glelɛtɔ́** = **gle-lɛ-tɔ́** = champ-labourer-personne = *paysan, cultivateur, laboureur*

- **Les emprunts étrangers** (leur traitement)

Le contact du fon avec certaines langues européennes telles que le portugais, l'anglais et principalement le français a favorisé des emprunts et des créations de mots pour désigner des objets nouveaux ou traduire des réalités anciennes dans le contexte actuel. Mais, dans tous les cas, les termes adoptés ou inventés sont "moulés et façonnés sur un patron déjà reçu du peuple", en prenant les structures et les tons des mots fon qui ne connaissent pas de syllabes muettes.

Exemples :

- **dotóò**, *médecin*, du français "docteur",
- **penɛ́ɛ̀n**, *pneu*,
- **klazîin**, *pétrole*, du français "kérosène",
- **mɔ̌tò**, *véhicule automobile*, du français "moteur",
- **lɛtríkì**, *électricité*,
- **politíkì**, *politique*,
- **pípan**, *train*, onomatopée,
- **Dɔminíkì**, *Dominique*,
- **Emílù**, *Emile*,
- **kɔ́là**, *cravate*, de l'anglais "collar",
- **lesì**, *dentelle, broderie anglaise*, de l'anglais "lace",
- **tɔfîì**, *bonbon caramel*, de l'anglais,
- **akasá**, **kansán**, *pâte de maïs fermenté*, du portugais "caçabe",
- **fɛnyɛ̀**, *manioc*, du portugais "farinha",
- **pɛ́ɛ̀n**, *pain*, ou **wɔ̀xúxú** = **wɔ̌-xúxú** = "*pâte séchée*",
- **cíví**, *cuillère*, ou **gantín** = **gàn-àtín** = "*fer bâton*".

• **Le pronom personnel**

Compte tenu de ses nombreuses formes, nous présentons le pronom personnel et ses différents emplois dans un tableau synoptique, avec le verbe **kpón**, *regarder*.

FORMES	SINGULIER	PLURIEL
SUJET	**un kpón** : *j'ai regardé* **à kpón** : *tu as regardé* **é kpón** : *il, elle, a regardé* **è kpón** : *on a regardé*	**mǐ kpón** : *nous avons reg.* **mi kpón** : *vous avez reg.* **yě kpón** : *ils, elles, ont regardé*
COMPLEMENT	**kpón mì** : *regarde-moi* **é kpón wè** : *il t'a regardé* **kpón ɛ̀** : *regarde-le, la* (le pronom varie en fonction de la voyelle qui le précède) **zě è** : *prend-le, la* **ɖú ì** : *mange-le, cela*	**kpón mǐ** : *regarde-nous* **é kpón mi** : *il vous a regardé* **kpón yě** : *regarde-les* (*eux ou elles*)
ABSOLUE	**nyɛ (nyi) kpón** : *moi, j'ai regardé* **hwɛ (hwi) kpón** : *toi, tu as regardé* **éyɛ (éé) kpón** : *lui, il a regardé ; elle, elle a regardé* **émi kpón** : *il a regardé*	**mǐ kpón** : *nous, nous avons regardé* **mi kpón** : *vous, vous avez regardé* **yě kpón** : *eux ont regardé* (ou : *elles, elles ont regardé*) **émilɛ̌ kpón** : *ils ont regardé*
REMARQUE	**émi**, **émilɛ̌** s'utilisent dans la subordonnée dont le sujet (pronom) est le même que dans la principale.	

- **Le pronom et l'adjectif possessifs**

En fon, la possession s'exprime par le pronom et (ou) l'adjectif possessif dont les formes, pratiquement identiques, peuvent être également présentées dans un tableau d'ensemble avec le nom **vǐ**, *enfant* et le présentatif **wɛ̀**, *c'est*.

ADJECTIF POSSESSIF	PRONOM POSSESSIF
Singulier (masculin/féminin) **vǐ cè** : *mon enfant* **vǐ towè** : *ton enfant* vǐ **(é)tòn** : *son enfant* ***Pluriel*** (masculin/féminin) **vǐ mǐtòn** : *notre enfant* **vǐ mitòn** : *votre enfant* **vǐ yětòn** : *leur enfant*	***Singulier*** (masculin/féminin) **cé (nyɛtón) wɛ̀** : *c'est le mien* **towe (hwɛtón) wɛ̀**: *c'est le tien* **éyɛton (éétón) wɛ̀** : c'est le sien ***Pluriel*** (masculin/féminin) **mìtón wɛ̀** : *c'est le nôtre* **mitón wɛ̀** : *c'est le vôtre* **yètón wɛ̀** : *c'est le leur*

Remarque : l'observation des deux tableaux (celui du pronom personnel et celui des pronoms et adjectifs possessifs) permet de tirer les règles suivantes :

- A l'exception des deux formes particulières de la première et de la deuxième personne du singulier, **cè**, **towè**, *mon, ma, ton, ta,* pronoms et adjectifs possessifs se forment en ajoutant tout simplement au pronom personnel absolu la particule du complément du nom ou génitif **-tòn**.
- La distinction établie entre adjectif et pronom possessif ne semble pas très pertinente, eu égard aux possibilités offertes par l'usage pour exprimer la possession. Il est en effet courant de dire (avec une légère insistance dans le second cas) :

  . **vì cé wɛ̀** ou **vǐ nyɛtón wɛ̀** : *c'est mon enfant*

. **vì towe wɛ̀** ou **vǐ hwɛtón wɛ̀** : *c'est ton enfant*

. **vì ton wɛ̀** ou **vǐ éyɛtón wɛ̀** : *c'est son enfant*

Il n'existe aucune différence au pluriel entre "notre" et "le nôtre", "votre" et "le vôtre", "leur" et "le (la, les) leur(s)".

- On relève des formes abrégées et des inversions dans le discours affectif ou respectueux.

  Exemples : - **àsú è** au lieu de **àsú cè**, *mon mari*
  - **tɔ́ wè** au lieu de **tɔ́ towè**
    = *ton père !* (insulte)
  - **mǐ nò Maria** au lieu de **nò mǐtòn Maria**
    notre mère, Marie

- Bien que le possessif se place généralement après le nom qu'il détermine, il arrive qu'on l'insère entre les deux parties d'un nom composé avec, cependant, des nuances que seule l'habitude peut aider à apprécier.

  Exemples : a) - **hwenù** = **hwè-nù** (= soleil-sous) *époque*
  - **hwenú cé sù**, *mon temps est arrivé*
  - **hwe-cé-nú wɛ̀**
    c'est de mon temps, à mon époque

  b) - **núkúnmɛ̀** = **núkún-mɛ̀**
    (= oeil-dans), *visage*
  - **núkúnmɛ̀ towé wɛ̀**, *c'est ton visage*
  - **núkún-towé-mɛ̀ wɛ̀**, *c'est en ta présence*

• Les qualificatifs

La qualité peut s'exprimer avec un mot simple, un terme dérivé, une structure verbale ou un mot composé.

Exemples : a) - **ɖaxó**, *grand* **kpɛví**, *petit* **yɔ̀yɔ́**, *neuf*

b) - **wì**, *être noir* **wiwì**, *noir*
- **klǒ**, *grossir* **kloklo**, *gros*

c) - **fá**, *être frais* ; **é fá**, *il est frais, pacifique*
- **nyǒ**, *être bon*
- **é nyó ɖɛkpɛ̀**, *il est beau*
(= il est bon quant à la beauté)
- **nylǎ**, *être mauvais*
- **é nylá hùn**, *il est méchant*
(= il est mauvais quant au sang)

d) - **xɛsi-nò** (= peur-possesseur) *peureux*
- **xomɛnyó-tɔ'**, ventre bon-possesseur
très bon, gentil, aimable, affable

Chacun de ces qualificatifs s'utilise couramment pour déterminer une unité ou un groupe nominal.

Exemples : - **xwé yɔ̀yɔ́**, *une maison neuve*
- **súnù xɛsinò**, *un homme* -mâle- *peureux*
- **gbɛtɔ́ xomɛnyótɔ́**, *une personne aimable*
- **sín fífá**, *de l'eau fraîche*

• Les démonstratifs et les indéterminés

Les démonstratifs et les indéterminés fon se placent après le nom. Ce sont :

- **élɔ**, ce, cet, ce-ci — **élɔ lɛ**, ces, ceux-ci
- **éyɛ (-ɛ)**, *ce, cet, ceci* — **éyɛ lɛ (-yɛ lɛ)**, *ces, ceux-ci*
- **énɛ**, ce... *là*, cet... *là* — **énɛ lɛ**, *ces... là, ceux-là*
- **ɖé**, *un, un certain* — **ɖé lɛ**, *certains, quelques-uns*
- **ɖěvo**, *un autre* — **ɖěvo lɛ**, *d'autres*

Exemples (masculin/féminin ; singulier/pluriel) :

- **vì élɔ**, *cet enfant, cet enfant-ci*
- **vì-yɛ (-ɛ)**, *cet enfant* (forme ancienne, littéraire et affective)
- **vì élɔ lɛ**, *ces enfants, ces enfants-ci*
- **vì énɛ (vì-nɛ)**, *cet enfant-là*
- **vì énɛ lɛ (vì-nɛ lɛ)**, *ces enfants-là*
- **vì ɖé**, *un certain enfant*
- **vì ɖé lɛ**, *certains enfants*
- **vì ɖěvo**, *un autre enfant*
- **vì ɖěvo lɛ**, *d'autres enfants*

• Les numéraux et la numération

La numération traditionnelle fon procède par séries de cinq ; il s'agit d'un système quinaire, alors que celui du français est décimal.

Bien que les linguistes béninois tentent de nos jours d'adopter la série décimale, l'usage ancien prédomine largement et se présente comme suit.

Les numéraux cardinaux

1 : **ɖokpó, ɖě** 2 : **wè** 3 : **atòn** 4 : **ɛ̀nɛ̀** 5 : **àtóón**	6 : **aizɛ́n** 7 : **tɛ́nwè** = **àtóón-wè** = 5-2 8 : **tántòn** = **àtóón-atòn** = 5-3 9 : **tɛ́nnɛ̀** = **àtóón-ɛ̀nɛ̀** = 5-4 10 : **wǒ**
11 : **wǒ-ɖokpó** = 10-1 12 : **wěwè** = **wǒ-wè** = 10-2 13 : **wǎtòn** = **wǒ-atòn** = 10-3 14 : **wɛ̌nɛ̀** = **wo-ɛ̀nɛ̀** = 10-4 15 : **afɔ̀tòn** = **afɔ̀-atòn** = 3 pieds de 5 orteils = 3 x 5	16 : **afɔtòn-nukún-ɖokpó** = 3 pieds et 1 œil = 15 + 1 17 : **afɔtòn-nukún-wè** = 3 pieds et 2 yeux = 15 + 18 : **afɔtòn-nukún-atòn** = 3 pieds et 3 yeux = 15 + 19 : **afɔtòn-nukún-ɛnɛ̀** = 3 pieds et 4 yeux = 15 + 20 : **ko**
21 : **ko-nukún-ɖokpó** = 20 et 1 oeil = 20 + 1 22 : **ko-nukún-wè** = 20 et 2 yeux = 20 + 2 23 : **ko-nukún-atòn** = 20 et 3 yeux = 20 + 3 24 : **ko-nukún-ɛnɛ̀** = 20 et 4 yeux = 20 + 4 25 : **ko-àtóón** = 20 + 5	26 : **ko-àtóón-nukún-ɖokpó** = 25 et 1 oeil = 25 + 1 27 : **ko-àtóón-nukún-wè** = 25 et 2 yeux = 25 + 2 28 : **ko-àtóón-nukún-atòn** = 25 et 3 yeux = 25 + 3 29 : **ko-àtóón-nukún-ɛnɛ̀** = 25 et 4 yeux = 25 + 4 30 : **gbàn**

Pour la suite, il suffit de connaître le nom des séries de cinq, soit :

35 **gbàn-àtóón** = 30 + 5
Pour former 37, par exemple : **gbàn-àtóón-nukún-wè** = 35 + 2 yeux = 37

40 **kanɖé** = 40 cauris enfilés

43 : **kanɖé-nukún-atòn** = 40 + 3 yeux = 43

45 **kanɖé-àtóón** = 40 + 5

48 : **kanɖé-àtóón-nukún-atòn** = 45 + 3 yeux = 48

50 **kanɖé-wǒ** = 40 + 10

80 **kanwè** = deux cordes

120 **kanton** = **kan-atòn** = trois cordes = 40 x 3 = 120

200 **afɔɖé** = un pied

400 **afɔwè** = deux pieds = 200 + 200

600 se dit **nǔɔtòn** = **nǔ-atòn** = chose-trois, sous-entendu 200 x 3 = 600, pour éviter la confusion avec **afɔtòn** (trois pieds de cinq orteils = quinze)

800 **afɛnɛ̀** = **afɔ-ɛnɛ̀**, quatre pieds (200 x 4)

1000 **afatóón** = **afɔ-atóón**, cinq pieds (200 x 5)

Compter l'argent

Pour compter l'argent, réalité de pure importation, le fon utilise les unités de mesure héritées du commerce avec les Européens et de la colonisation.

- *un franc* **flan ɖokpó**
- *5 francs* **ɖɔlà ɖokpó** = un dollar
- *25 francs* **kpɔ̃ùn ɖokpó** = une livre anglaise ("pound")
- *100 francs* **kpɔ̃ùn ɛnɛ̀** = quatre pounds
- *1000 francs* **cákí ɖokpó** = un sac (= de cauris)
- *60 francs* **kpɔ̃ùn wè ɖɔlà wè** = 2 pounds et 2 dollars ou bien **ɖɔlà wěwè** = 12 dollars = 5 F x 12

Les numéraux ordinaux

Pour indiquer le rang ou l'ordre, on ajoute aux chiffres cardinaux, à partir de "deux", le suffixe **-gɔ́**.

- **wegɔ́** *deuxième*
- **tántongɔ́** *huitième*
- **ko-àtóón-nukún- ɛnɛgɔ́** *vingt-neuvième*

Pour "le premier" et "le dernier", on utilise les équivalents des prépositions ou adverbes de lieu "devant" et "derrière" : **nukòn** et **gŭdò** suivis du suffixe **-tòn**, marque du possessif ou du qualificatif.

- **vĭ nukontòn** *le premier enfant*
- **vĭ wegɔ́** *le deuxième enfant*
- **vĭ gudotòn** *le dernier enfant*

• La négation

La marque de la négation varie en fonction des types d'énoncés. Elle peut être une unité significative simple, composée et (ou) discontinue. Nous en donnons les formes courantes dans les séries de phrases suivantes.

- **Kofí yì ă**, *Kofi n'est pas parti* (**ă** = *ne pas*).
- **Kofí sɔ́ yì ă**, *Kofi n'est plus parti* (**sɔ́.... ă** = *ne plus*).
- **Kofí yi vɔ́vɔ́ ă**, *Kofi n'est même pas parti.*
  (**vɔ́vɔ́ ă** = *même pas*)
- **Kofí yì ɖĕ (ɖĕbŭ) ă**, *Kofi n'est pas du tout parti.*
  (**ɖĕ ă, ɖĕbu ă** = *pas du tout*)
- **Kofí yì gbéɖé ă**, *Kofi n'est jamais parti.*
  (**gbéɖé ă** = *ne jamais*)

- **Kofí sé kpón ǎ**, *Kofi n'a jamais entendu (cela).*
  kpón ǎ = *ne jamais*

- **Kofí sè nùɖé ǎ**, *Kofi n'a rien entendu.*
  nùɖé ǎ = *ne rien*
- **Kofí sè nùti ǎ**, *Kofi n'a rien entendu* (**nùti ǎ** = *ne rien*).

- **Kofí yì fíɖé (fítí) ǎ**, *Kofi n'est allé nulle part.*
  fíɖé ǎ, fítí ǎ = *nulle part*

- **Kofí xo mɛɖé (mɛtí) ǎ**, *Kofi n'a frappé personne.*
  mɛɖé ǎ, mɛtí ǎ = *personne*

- **jímakplón** *mal élevé* (**ma** = sans, ne pas)
  jì-ma-kplón = engendrer-sans-éduquer
- **kplónmasè**, *malappris* (**kplón-ma-sè** = éduquer-sans-entendre, éduqué sans succès)
- **Kofí má yi nɛ**, *mais Kofi n'est pas parti* (insistance).
  ma... nɛ = *ne pas, avec insistance*
- **ma yí ó**, *ne pars pas* (**ma... ó** = *ne pas, interdiction*).
- **Kofí má yi gɛ́**, *Kofi n'est même pas parti.*
  má... gɛ́ = *même pas, pas même*)
- **Kofí ma yì ǎ, mì ná wá**.
  Si Kofi ne part pas, nous viendrons.
  ma... ǎ = *ne pas*, dans la subordonnée

- **Kofí kún yi ó**, *(je maintiens que) Kofi n'est pas parti.*
  kún... ó = *ne pas*, renforce la négation
- **E ɖɔ̀ Kofí kún wá ó**, *il a dit que Kofi n'est pas venu.*
  kún... ó = *ne pas* dans le style indirect
- **Eǒ, Kofí wá ǎ**, *non, Kofi n'est pas venu* (**éǒ** = *non*)

Voici le tableau récapitulatif des marques de la négation fon, dans l'ordre de leur apparition dans les phrases-types étudiées.

Tableau récapitulatif de la négation

- **... ǎ**, *ne pas*
- **sɔ́... ǎ**, *ne plus*
- **vɔ́vɔ́ ǎ**, *même pas*
- **ɖě ǎ, ɖěbŭ ǎ**, *pas du tout*
- **gbéɖé ǎ, kpón ǎ, gbéɖé kpón ǎ**, *ne jamais*
- **nùɖé ǎ, nùti ǎ**, *ne rien*
- **fíɖé ǎ, fítí ǎ**, *ne... nulle part*
- **mɛɖé ǎ, mɛtí ǎ**, *ne... personne*
- **ma**, *sans, ne pas*
- **ma... nɛ́**, *ne... pas* (avec insistance)
- **ma... ó**, *ne... pas* (interdiction, défense)
- **ma... gɛ́**, *même pas, pas même*
- **ma... ǎ**, *ne... pas,* dans une proposition subordonnée
- **kún... ó**, *ne... pas* (négation renforcée)
- **kún... ó**, *ne... pas* (au style indirect)
- **éǒ**, *non*

• L'interrogation

Comme la négation, l'interrogation s'exprime avec des marques simples et complexes. Découvrons-les en situation avant d'en dresser un tableau récapitulatif.

- **Kofí yi à ?** *Kofi est-il parti ?* (**... à** = interrogation simple)
- **Kofí yi wɛ à ?** *Kofi est parti ?* (surprise)

  wɛ à = *est-ce que ?*
- **Kofí ma yi à ?** *n'est-ce pas que Kofi est parti ?* (**ma.... à** = *n'est-ce pas que ?* interro-négative, réponse positive)
- **Kofí yì ǎ cé ?** *Kofi n'est-il donc pas parti ?*

  ǎ cé, ǎ é) = *ne donc pas ?*

  (interro-négative, réponse négative)

- **Kofí yì ǎ wɛ à ?** - *Est-ce que Kofi n'est pas parti ?*

ǎ wɛ à = *négation + est-ce que ?*

(négative-interrogative, réponse incertaine)

- **vǐ nabí Kofí ɖó ?** - *Combien d'enfants Kofi a-t'il ?*

nabí = *combien ?*

- **vǐ tɛ́ Asíbá jì ?** - *Quel enfant Assiba a engendré ?*

tɛ́ = *quel*, adjectif interrogatif

- **nùtɛ́ (étɛ́) a ɖù ?** - *Qu'as-tu mangé ?*

nù-tɛ́, é-tɛ́ = chose-quelle, cela-quel, *que ?*

- **ɖètɛ́ Kofí ɖù ?** - *Lequel Kofi a mangé ?*

ɖètɛ́, ɖè-tɛ́ = un-quel, *pronom interrogatif*

- **fítɛ́ Kofí ɖè ?** - *Où est Kofi ?*

fí-tɛ́ = endroit-quel, *où, à quel endroit ?*

- **hwetɛ́nu Kofí wá ?** - *Quand est-ce que Kofi est arrivé ?*

hwetɛ́nu = sous quel soleil = *quand ?*

- **ani (nɛ̌) Kofí ɖɔ̀ ?** - *Qu'est-ce que Kofi a dit ?*

ani, nɛ̌ = *quoi, que ?*

- **mɛ̌ wɛ kpon ?** - *Qui est-ce qui a regardé ?*

mɛ̌ wɛ̀ = *qui est-ce qui ?* (**mɛ̌** = *qui ?*)

mɛ̌ ka wɛ̀ = *qui est-ce donc qui ?*

- **ani wútú (wɛ̀), aniwú (wɛ̀), étɛ́ wútú (wɛ̀), étɛ́ wu (wɛ̀), nùtɛ́wútú (wɛ̀), nùtɛ́wú (wɛ̀)**

Précédées ou non de **ɖó (ɖ')**, (= *sur*),

ces locutions servent à traduire le français "*pourquoi*"

Exemple : - **étɛ́ wú mi wá ?** ou **ɖ'ani wútú mi wá ?**

- pourquoi êtes-vous venus ?

- **nɛ̌ gbòn Kofí yì ?** - *Pourquoi Kofi est-il parti ?*

nɛ̌ gbòn = *pourquoi ?*

- **nɛ̌ Kofí blo gbòn ?** - *Comment Kofi a-t'il fait ?*

nɛ̌... gbòn = *comment ?*

- **ani wɛ jɛ̀ (jɔ̀) bɔ̀, étɛ́ wɛ jɛ̀ (jɔ̀) bɔ̀, ani (étɛ́) wɛ zón bɔ̀**

(toutes ces expressions équivalent au français : *pourquoi, pour quelle raison* ; en traduction mot à mot, elles correspondent à : *qu'est-ce qui s'est passé pour que, qu'est-ce qui fait que ?*)
Exemple : **étɛ́ wɛ jɛ̀ bɔ̀ mi wa ?**
qu'est-ce qui s'est passé pour que vous soyez venus ?

Dans les salutations, pour demander des nouvelles en séries sur divers membres d'une famille, on utilise la particule **lo**, qu'on traduit habituellement dans ce cas par "et (?)".

Exemple : - **Kofí a ɖò ɖagbe à ?** - *Kofi, vas-tu bien ?*
- **ɛɛn.** - *oui.*
- **vì lɛ lo ?** - *et les enfants ?* = comment vont-ils ?
- **fofó towe lo ?** - *et ton grand frère ?*

Tableau récapitulatif de l'interrogation

- **... à ?** interrogation simple, en fin de phrase
- **... wɛ à ?** *est-ce que ?*
- **... ma... à ?** formule interro-négative, réponse positive
- **... ǎ cé ?** formule interro-négative, réponse négative
- **... ǎ wɛ à ?** formule interro-négative, réponse incertaine
- **nabí ?** *combien ?*
- **-tɛ́ ?** *quel ?* (adjectif interrogatif)
- **nùtɛ́ (étɛ́) ?** *quelle chose, quoi, que ?*
- **ɖètɛ́ ?** *lequel ?*
- **fitɛ́ ?** *où, en quel endroit ?*
- **hwetɛ́nu ?** *quand, à quel moment ?*
- **ani, nɛ̌ ?** *quoi, que ?*
- **mɛ̌ ?** *qui, quelle personne ?*
- **aní-, étɛ́-, nùtɛ́- (+ wútú, wú) ?** *pourquoi ?*

- **nɛ̌gbòn ?** *pourquoi ?*
- **nɛ̌... gbòn ?** *comment ?*
- **ani wɛ jɛ̀ bɔ̀ ? étɛ́ wɛ jɔ̀ bɔ̀ ? nùtɛ́ wɛ jɛ̀ bɔ̀ ? ani wɛ zon bɔ̀ ?** *pour quelle raison, pour quoi ?*
- **lo ?** *et ?*

• Adverbes et prépositions

Les signifiants qui déterminent les verbes et ceux qui précèdent ou suivent les noms pour les situer ou leur apporter une précision spatio-temporelle et qu'on pourrait rapprocher des adverbes ou des prépositions en français font partie de la catégorie des nominaux et ne présentent guère de traits morphologiques spécifiques. Certains ont cependant un sens propre et un sens figuré qui donnent au parler fon sa caractéristique de langue imagée.

Exemples : **é ɖò xɔ ta.** (= il, être, maison, tête)
Il est sur le toit.

é ɖò xɔ sá. *Il est dans la maison.*
(= il, être, maison, entre jambes de)

é wé foò. *C'est trop blanc.*
(le signifiant **foò** n'est pas en réalité un adverbe, il sert à suggérer une nuance, une intensité excessive que l'adverbe **dín**, *très, trop,* n'exprime pas.

é myá hɛɛ̀. *C'est d'un rouge trop vif.*

Ainsi, les réalités traduites par les prépositions et les adverbes français sont décrites en fon par des substantifs, par des verbes ou par d'autres procédés. Nous les découvrons dans l'expression de la position, du mouvement, de l'intensité ou de la quantité.

La position

Voici, à titre indicatif, la liste de quelques substantifs parmi les plus couramment utilisés pour indiquer la position.

- **akpá, kpá**, *le côté, à côté de*
  é ɖò xɔ́ (a)kpá, *il est à côté de la case.*
- **asá, sá**, *la cuisse, au pied de, sous*
  é ɖò àtín (a)sá, *il est sous l'arbre.*
- **glɔ**, *le dessous, au-dessous de*
  cavì ɖò zan glɔ, *la clé est sous la natte.*
- **gŭdò**, *le dos, derrière.* - **é ɖò gùdo** : *il est derrière.*
- **jĭ**, *le haut, dessus, sur, au-dessus de*
  é ɖò zan jí, *il est sur la natte.*
- **mɛ**, *l'intérieur de, dans*
  é yì xɔ mɛ̀, *il est allé dans la case.*
  é ɖò gan mɛ̀, *il est à (dans) l'heure.*
- **nu**, *la bouche, au bord de, au bout de*
  é yi tɔ nu, *il est allé au bord de la rivière.*
- **nukòn**, *le front, devant, avant*
  é ɖò hon nukòn, *il est devant la porte.*
- **tɛ́ntin**, *le centre, au milieu de*
  é wa tɛ́ntin, *il est venu au milieu.*
- **tó**, *l'oreille, au bord de*
  é yì tɔtó, *il est allé au bord de la rivière.*
- **wŭ, wŭtu**, *le corps, à cause de*
  étɛ́wú mí wá ? *à cause de quoi êtes-vous venus ?*
- **xò**, *le ventre, sur*
  yĕ ɖò alí xò, *ils sont sur la route, en route.*

Remarque : les exemples donnés ici sont assez simples ; il existe cependant des cas complexes auxquels il sera facile de s'habituer lentement en parlant et en écoutant les locuteurs.

Le mouvement

Le mouvement s'exprime par un verbe employé seul, sans préposition, ou avec un autre verbe qui en précise la nuance, ou encore avec un adverbe de lieu.

Exemples :
- **Kofí yì Kútɔnu**, *Kofi est allé (à) Cotonou.*
- **Kofí wá xwé**, *Kofi est venu (à) la maison.*
- **Kofí yi gbòn Kútɔnu**, *Kofi est parti (par) Cotonou.*
  (Kofi est parti passer Cotonou)
- **é kú jɛ tɔ mɛ̀**, *Il est mort noyé.*
  (il est mort tomber dans rivière)
- **é gbòn dǒn**, *il est passé (par) là-bas.*
- **é kpòn zɔ̀**, *il a regardé au loin.*

Remarque : avec le verbe **ɖò** (variante **ɖé**), *être*, on peut avoir une structure comportant un deuxième verbe pour exprimer la position et le mouvement.
Exemples :
- **Kofí sɔ́ awù ɖò zan jí**, *Kofi a pris la chemise sur la natte.*
  (Kofi a pris chemise être natte sur)
- **fítɛ́ yi a ɖé ?** (= où aller tu être) *où vas-tu ?*

L'intensité ou la quantité

De nombreux signifiants -équivalents des adverbes français parce que déterminant des verbes- permettent d'indiquer l'intensité ou la quantité. Parmi les plus courants, nous pouvons noter **bǐ** *complètement,* **dín** *trop, très,* **ɖésú** *beaucoup,* **dódó** *très,* **káká** *extrêmement, jusqu'à,* **trala**, *très.*

Exemples :

- **Kofí ɖúnǔ káká**, *Kofi a extrêmement mangé.*
- **Kofí ɖúnǔ dín**, *Kofi a trop mangé.*
- **Kofí wàzɔ̌ ɖésú**, *Kofi a beaucoup travaillé.*

Remarque

Il est possible de renforcer le sens d'un verbe par un autre verbe et celui d'un adverbe en le redoublant. Il faut également noter l'utilisation des vocables tels que **foò**, **faàn, hɛɛ̀**, **hoò, toòn, viì**, particuliers aux langues de l'Afrique Noire et qui servent à l'expression d'une nuance excessive. Pierre Alexandre (1967, p. 51) en donne une définition intéressante : "vocables transmettant une impression sensorielle ou morale complexe" et les désigne des noms de "idéophones" et "impressifs".

Exemples :

- **é víví zɛu**, *c'est très doux* (cela-est doux-dépasser).
- **é víví káká-káká (káká-á-á-á)**, *c'est extrêmement doux.*
- **é víví toòn**, *c'est trop doux* (écoeurant).
- **é wì viì**, *c'est beaucoup trop noir* (noir sombre).
- **é wé faàn**, *c'est trop blanc* (à dégoûter).

SYNTAXE

Par syntaxe, nous entendons la formation et les diverses combinaisons des phrases ou des énoncés ou encore des groupes de mots exprimant une pensée ou un enchaînement de pensées.

Nous présenterons l'énoncé simple avec ou sans verbe et l'énoncé complexe comportant plusieurs propositions ou idées importantes.

L'énoncé simple

L'énoncé simple contient en principe une seule idée. Il est le plus souvent de structure sujet-verbe-complément, mais peut être de forme plus réduite.

Exemples : **Kofí yì**, *Kofi est parti.*
Kofí yì Kútɔnu, *Kofi est allé (à) Cotonou.*
Kofí ɖù teví, *Kofi a mangé (de) l'igname.*
Kofí ɖié, *voici Kofi.*
Kofí nɛ, *voilà Kofi.*
Kofí wɛ̀, *c'est Kofi.*
yì, *va-t'en.*

A ces énoncés de base peuvent s'ajouter diverses précisions de temps, de lieu, de manière, d'accompagnement, de quantité, etc.

Exemple :

- **Kofí ɖù teví gègé xá vǐtòn.**
Kofi a mangé beaucoup d'igname avec son enfant.

L'énoncé complexe

L'énoncé complexe se réalise par coordination ou par subordination de deux ou plusieurs idées.

- **La coordination**

Nous proposons, avec des exemples d'emploi, quelques équivalents des conjonctions de coordination françaises.

et **bó (lobo)**, quand le sujet est le même dans les deux propositions,
bɔ̀ (lobɔ̀), quand il y a des sujets différents.

Kofí yi bó (lobo) kpón. *Kofi est allé et a regardé.*
Kofí wá bɔ̀ (lobɔ̀) mǐ yì.
Kofi est venu et nous sommes partis.

ou **àlǒ, àbǐ** (= **kàbǐ** emprunt yoruba)
Kofí ná yì àlǒ (àbǐ) é ná dɔ́.
Kofi partira ou bien il passera la nuit (dormira).

ni, ni se traduit par la négation **ǎ**, la particule **lɛ** et encore la négation **ǎ** :
Kofí nù sin ǎ, é lɛ nù àhàn ǎ.
Kofi n'a bu ni eau ni alcool.
On peut renforcer **lɛ** avec **ka** (même pas) :
Kofí nù sin ǎ, é kalɛ nù àhan ǎ.
Kofi n'a pas bu d'eau, et même pas d'alcool.

mais **lɔɔ́, àmɔ̌, có, cóbó, cóbɔ̀**
Kofí wá àmɔ̌ (lɔɔ́) é nɔ̀tè ǎ.
Kofi est venu, mais il n'a pas attendu.
Kofí wá cóbɔ̀ mì mɔ ɛ ǎ.
Kofi est venu, mais nous ne l'avons pas vu.

car **ɖó**, *parce que*
Kofí nɔ̀tè ǎ ɖó é xwè Kutɔnu.
Kofi n'a pas attendu car il allait à Cotonou.

or (marquant l'oppositon) : **àdìì**
un vɛ sín Zinsú wɛ sín àdìì Sagbó wɛ̀.
je croyais que c'était Zinsu, or c'était Sagbo.

donc **hǔn**
é ma nyí Zìnsú ǎ hǔn Sagbó wɛ̀.
si ce n'est pas Zinsu, c'est donc Sagbo.

• **La subordination**

Compte tenu de la complexité de l'usage et de l'objectif de cet ouvrage, nous indiquerons seulement, avec des exemples simples, quelques manières courantes d'exprimer le but, la cause, la condition, le temps, l'opposition, la comparaison, etc.

Le but peut s'énoncer de trois façons différentes :

- *Avec le signifiant* **gbé**
  (après un verbe de mouvement dans la proposition principale. Traduction : *pour, dans le but de*)
  Exemples : **Kofí yì azɔ wa gbé.**
  Kofi est allé (pour) travailler.
  Kofí wá kpínkpón gbé.
  Kofi est venu pour voir.

- *Avec les locutions* **bó dó, bó ná (b'á), bó ná dó (b'a dó), bó nú (nú)**, *afin de, dans le but de, dans l'intention de, pour que.*
  Exemples : **Kofí wà zɔ̌ bó dó (b'adó) mɔ̀ kwɛ́.**
  Kofi a travaillé pour avoir de l'argent.
  Kofí wà zɔ̌ bó nú asi ton na mɔ̀ kwɛ́.
  Kofi a travaillé pour que sa femme ait de l'argent.

- *Avec les unités* **nú... má... ó**, *pour que... ne... pas* ; **tá-wá (tá-á)** (=risquer venir), *de peur que*, pour exprimer la finalité négative.
  Exemples : **Kofí wà zɔ̌ nú àkwɛ́ má hán asiton ó.**
  Kofi a travaillé pour que l'argent ne manque pas à sa femme.
  Kofí nɔ wà zɔ̌ tɛgbɛ̀ àkwɛ́ táá hán asitòn.
  Kofi travaille toujours de peur que l'argent ne manque à sa femme.

La cause s'exprime de plusieurs façons dans la phrase complexe. En voici quelques exemples :

- *Avec la conjonction* **ɖó**, = *parce que*

  Exemple : **Kofí yì Àgbɔ̌mɛ̀ ɖó tɔ́ tón kú.** *Kofi est parti à Abomey parce que son père est mort.*

- *Avec les signifiants* **ɖěè, lěè, éè** (placés en début de phrase) = *comme*

  Exemple : **ɖěè (éè) tɔ́ tón kú ɔ́ Kofí yì Àgbɔ̌mɛ̀.** *Comme son père est mort, Kofi est parti à Abomey.*

- *Avec la locution verbale* **wutu (wu) wɛ̀**, *c'est, parce que*

  Exemple : **Tɔ́ tón kú wutu wɛ̀ Kofí yì Àgbɔ̌mɛ̀.** *C'est parce que son père est mort que Kofi est parti à Abomey.*

La condition s'énonce avec l'unité discontinue **ényí... ɔ́**, **nú... ɔ́**, ou tout simplement **ɔ́**, *si, quand, lorsque.*

Exemples : **ényí Kofí wà zɔ̌ ɔ́, é ná mɔ̀ kwɛ́.**
Si Kofi travaille, il aura de l'argent.
nú Kofí wà zɔ̌ ɔ́, ou **Kofí wà zɔ̌ ɔ́.**
même sens

Remarque :

Pour indiquer la condition non réalisée dans le présent ou dans le passé (irréel du présent ou du passé), on utilise respectivement **wɛ... din ɔ́**, *si c'est maintenant* (**din** = *maintenant*) **ko... wɛ ɔ́**, *si c'était* (**ko** marque l'accompli).

Exemples : **Kofí wɛ wa din ɔ́, mì na yì.**
Si Kofi venait maintenant, nous partirions.
Kofí ko wa wɛ ɔ́, mì na ko yì.
Si Kofi était venu, nous serions partis.

Le temps : les circonstances de temps s'expriment généralement avec l'unité composée et discontinue **hwenù ɖěe (ěe)... ɔ́** = soleil-sous-lequel = *quand, lorsque, au moment où.* L'on peut avoir des formes réduites, comme **hwenu è... ɔ́** ou **éè... ɔ́** ou **ɖěe... ɔ́**.

Exemples : **hwenù ɖěe (ěe) Kofí wà ɔ́, mǐbǐ ɖò fí.**

Quand Kofi est arrivé, nous étions tous ici.

éè mí yí ɔ́, Kofí wá.

Quand vous êtes partis, Kofi est arrivé.

Remarque : il est possible d'insister et de marquer diverses nuances temporelles avec un certain nombre de signifiants dont voici les principaux emplois :

ɖěbǔ = *n'importe quel*

Kofí wá hwèɖebunú ɔ́, mì na yì. *Si Kofi vient à n'importe quelle heure, nous partirons.*

tróló ɔ́ = *aussitôt que, dès que*

Kofí wá tróló ɔ́, mì na yì.

Dès que Kofi sera venu, nous partirons.

gúdó ɔ́ = *après que*

Kofí wá gúdó ɔ́, mì na yì.

Nous partirons après que Kofi sera venu.

cóbɔ̀ = *avant que*

Kofí yì cóbɔ̀ mì wá.

Kofi est parti avant que nous n'arrivions.

L'opposition, la concession : dans une phrase complexe, la subordonnée d'opposition ou de concession est introduite par les unités **cóbó**, **có**, **bó** ou **cóbɔ̀**, qui correspondent tantôt à des conjonctions de coordination, tantôt à des conjonctions de subordination.

Exemples : **Kofí wàzɔ̌ cóbó ká mɔ kwɛ́ ǎ.**

Kofi a travaillé, pourtant il n'a pas eu (trouvé) d'argent.

Kofí wàzɔ̌ ǎ cóbó ká yí kwɛ́, *Kofi n'a pas travaillé, pourtant il a reçu de l'argent.*

Kofí wàzɔ̌ ǎ bó ká yí kwɛ́, même sens

é nyɔ́ nú Kofí ǎ có é wázɔ̌ mɛ̀, *Kofi ne se sent pas bien, pourtant il est venu au travail.*

La manière : pour exprimer la manière dans une subordonnée, on utilise la locution **lě̀è... (gbon) ɔ́ (é)** au sens de *comme, comment, combien.*

Exemples : **Kofí yì lě̀è mi ɖɔ gbon ɔ́ (é).**

Kofi est parti comme vous l'avez dit.

Kpón lě̀è Kofí kló gbon é (ɔ́).

Regarde comme Kofi est gros.

La comparaison :

Le comparatif de supériorité s'exprime avec le verbe **hú** (*surpasser*), au sens de *plus que.*

Exemples : **Kofí wàzɔ̌ hú Sagbó.**

Kofi a travaillé plus que Sagbo.

Kofí kló hú Sagbó.

Kofi est plus gros que Sagbo.

Le comparatif d'égalité s'exprime de deux façons : soit avec le verbe **sɔ̀** (*égaler*) = *aussi... que* ; soit avec le terme de comparaison **ɖɔhún** *comme, semblable à*, placé en fin de phrase.

Exemples : **Kofí kló sɔ̀ Sagbó.**

Kofi est aussi gros que Sagbo.

Kofí kló Sagbó ɖɔhùn.

Kofi est gros comme Sagbo.

Le comparatif d'infériorité peut s'exprimer de deux façons : soit avec un verbal traduisant l'infériorité suivi de **hú**, soit avec un comparatif d'égalité suivi de la négation **ǎ**.

Exemples : **Kofí hwè hú Sagbó.**
Kofi - est petit - plus que - Sagbo.
Kofi est plus petit que Sagbo.
Kofí kló sɔ̀ Sagbó ǎ.
Kofi n'est pas aussi gros que Sagbo.

- **La phrase complément d'un verbe**

Les verbes de perception comme "voir", "entendre", les verbes déclaratifs ayant le sens du verbe "dire", les verbes d'opinion comme "penser", "croire", les verbes de volonté et de souhait comme "vouloir", "refuser", "commander" peuvent être complétés par une phrase introduite par **ɖɔ̀** et quelquefois par **nú**, qui sont des équivalents de la conjonction de subordination *que*.

Exemples : **Kofí se ɖɔ̀ Sagbó wá.**
Kofi a appris que Sagbo est arrivé.
Kofí ɖɔ nu mí ɖɔ̀ Sagbó wá,
Kofi - a dit - à - moi - que - Sagbo - est arrivé.
Kofi m'a dit que Sagbo est arrivé.
Kofí ɖi ɖɔ̀ Sagbó wá.
Kofi croit que Sagbo est arrivé.
Kofí jló (ɖɔ̀) nú Sagbó (ná) ní wá.
1 2 3 4 5 5 6
Kofi veut que Sagbo "futur" venir.
1 2 3 4 5 6
Kofi veut que Sagbo vienne.

Remarque :

Dans ces types de propositions, la négation s'exprime avec **kún... ó**, ". Mais, pour les verbes indiquant un ordre ou une interdiction, on utilise **ma... ó.**

Exemples : **Kofí ɖí ɖɔ̀ Sagbó kún wá ó.**

Kofi croit que Sagbo n'est pas venu.

Kofí jló ɖɔ̀ Sagbó ní ma wá ó.

Kofi veut que Sagbo ne vienne pas.

Et pour traduire "*Kofi ne veut pas que Sagbo vienne*", on dira : **Kofí jló ɖɔ̀ Sagbó ní wá ǎ**.

• L'interrogation indirecte

La proposition subordonnée interrogative indirecte suit un verbe principal interrogatif accompagné ou non d'une autre marque d'interrogation. Elle se termine par **ají** ou **àcéjí** pour une question positive ou négative.

Exemples : **Kofí kanbyɔ́ Sagbó ɖɔ̀ étɛ́ é ɖu ají.**

1 2 3 4 5 6 7 8

Kofi a demandé Sagbo que quoi il a mangé

1 2 3 4 5 6 7

interrogation

8

Kofi a demandé à Sagbo ce qu'il a mangé.

Kofí kanbyɔ́ Sagbó ɖɔ̀ é ná yì àcéjí.

Kofi a demandé à Sagbo s'il ne va pas partir.

LA CONVERSATION COURANTE

Nous abordons à présent le fonctionnement et la pratique courante du fon dans la société. Cette approche permettra d'appréhender quelques aspects de la culture véhiculée par cette langue en République du Bénin.

SALUTATIONS

En fon, le syntagme **gbedomɛ** (**gbè-dǒ-mɛ**), *salutation*, signifie "-le fait de- lancer (**dǒ**) la voix (**gbè**) -vers- une personne (**mɛ**)", c'est-à-dire *le fait d'établir la communication par la parole*.

Les Fon attachent une importance particulière aux salutations, qui s'échangent en toute circonstance et à tout moment de la journée. Les prescriptions éducatives les concernant sont des plus strictes. L'enfant qui sait saluer est bien élevé. Même l'inconnu qu'on croise a droit aux salutations. Elles se font soit par rapport aux divisions de la journée et de la nuit, soit en fonction de l'activité ou de l'état de l'interlocuteur. En milieu fon, elles constituent un véritable rite au cours duquel on s'enquiert de la santé, du travail, de la famille, du conjoint, de chacun des enfants de la personne saluée afin de lui formuler les meilleurs voeux. C'est aussi l'occasion de décliner ses devises claniques.

L'expression la plus courante, d'origine yoruba, est **okú**, **kú**, *salut*. Certains chercheurs ont pris **kú** pour l'homophone du verbo-nominal fon **kú**, *mourir*, *mort* ; d'autres y ont vu la préposition adja **kú**, *avec*. Mais il s'agit là d'une assimilation abusive et d'une confusion entre les deux verbes yoruba **kí**, *saluer* et **kú**, *mourir*. En effet, *bonjour* se dit en yoruba **kí ǎrɔ̀**, prononcé **k'áǎrɔ̀** ou **kwáǎrɔ̀**, *salut* (**kí**) *matin* (**ǎrɔ̀**). La semi-voyelle "w" a donc été, par erreur, transcrite comme un "u" pour donner **kú ǎrɔ̀** au lieu de **kwáǎrɔ̀**.

Voici quelques-unes des principales salutations.

Pour souhaiter la bienvenue, à tout moment :
- **kú a᷈bɔ̀, k'a᷈bɔ̀, kwa᷈bɔ̀** (**a᷈bɔ̀** = arrivée, en yoruba)
  "salut pour l'arrivée", "bonne arrivée", bienvenue.

Pour le matin, la matinée, la journée :
- **à fón à, à fón ɖagbé à ?**
  es-tu réveillé, es-tu bien réveillé ?
- **kú d'éwú, à ɖ'éwú à ?**
  es-tu là-dessus, t'y appliques-tu, y es-tu ?
- **kú d'ázɔ̌**, *salut pour le travail, bon courage.*
- **kú d'áyì jínjón**, *salut pour le fait d'être assis.*
  (se dit à un visiteur assis depuis un moment)
- **kú d'álì**, *salut pour le chemin, le voyage.*
- **kú d'ágbàn**, *salut pour le fardeau, pour le cadeau.*
- **kú dó tagbà**, *salut pour la peine.*

Pour le soir, la soirée, la nuitée :
- **kú dó lè hwénú**, *salut pour ce moment-ci.*
  (se dit à n'importe quel moment de l'après-midi)
- **kú dó gbàdà**, *salut pour le soir, bonsoir.*
  (à partir du coucher du soleil)
- **kú dó zǎn**, *salut pour la nuit* (en pleine nuit).
- **dɔ̌ gbɛ̀**, "dors la vie", *bonne nuit.*
- **é sù àyìhón**, "jusqu'à ce que la terre s'éclaire".
  à demain matin.
- **é yì sɔ**, "cela va (à) demain", *à demain.*
- **kú sɔ**, *salut (ou merci) pour hier.*

N.B. : le mot **sɔ** signifie tantôt *demain*, tantôt *hier*, selon le contexte.

Jeu de questions-réponses

- **à fón ɖagbé à ? - ɛɛn, okú.**
- *es-tu bien réveillé ? - oui, salut.*
- **vì lɛ fón à ? - ɛɛn, yè fón.**
- *les enfants sont-ils réveillés ? - oui, ils sont réveillés.*
- **asi towé (wé) ló ? - é fón.**
- *et ta femme ? - elle est réveillée.*
- **àsú towé (wé) ló ? - é fón.**
- *et ton mari ? - il est réveillé.*
- **kwabɔ̀. - oo, kúlé.**

(**abɔ̀** = *retour*, en yoruba ; **ilé** = *maison*, en yoruba)

- *bienvenue (bonne arrivée).*
- *oui, salut (toi qui es à la) maison.*
- **yi bó wá. - oo.**
- *au revoir (= vas et (re)viens). - oui, merci.*
- **é (ó) ɖabɔ̀** (emprunt yoruba). **- oo.**
- *au revoir - oui, merci.*
- **é yì hwètɛ́nú ? - é yì sɔ́.** - *à quand ? - à demain.*

IDENTITE - PRESENTATIONS

Avec une personne inconnue, la conversation s'engage habituellement de la façon suivante, par questions-réponses :

- **okú. - okú.** - *salut (bonjour). - salut (bonjour).*
- **nɛ̌ á nɔ́ nyí ? - ún nɔ́ nyí Kofí.**
- *comment - tu - t'appelles ? - je m'appelle Kofi.*
- **fítɛ́ nú wɛ nú wè ? - Àgbomɛnu wɛ nu mì.**
- *d'où es-tu ? - je suis d'Abomey.*
- **fítɛ́ á gosín ? - un gosín Glehwé.**
- *d'où viens-tu ? - je viens de Ouidah.*
- **fítɛ́ á nɔ nɔ̀** ? **- un nɔ nɔ̀ Kútɔ̀nú.**
- *où habites-tu ? - j'habite Cotonou.*
- **aní (àzɔ̀tɛ́) a nɔ wà ? - un nɔ lɛ̀ glè.**
- *que (quel travail) fais-tu ? - je cultive les champs.*

Avec un visiteur qui frappe à la porte, on peut avoir les échanges suivants :

- **mɛ̌ wɛ̀ ? - nyɛ (nyi) wɛ̀.** - *qui est-ce ? - c'est moi.*
- **hwí mɛ̌ ? - nyɛ Kofí wɛ̀.** - *toi qui ? - c'est moi, Kofi.*
- **mɛ̌ ba (wɛ̀) a ɖè ?** - *qui cherches-tu ?*
- **un ɖò Sagbó ba wɛ̀. - Sagbó ba wɛ̀ un ɖè.**
- *je cherche Sagbo. - c'est Sagbo que je cherche.*
- **étɛ́ (aní) wú (wútú) wɛ̀ ? - ěǒ, xonton ce wɛ̀.**
- *pourquoi est-ce ? - (non) rien, c'est mon ami.*

REMERCIEMENTS - SOUHAITS

Le *fait de remercier* se dit **kúdídó** ou encore **kpɛ́dídó**. Ces deux termes se décomposent en **kú** (**kí**), *salut*, et **dǒ**, "*lancer*", "*semer*" (la nominalisation par redoublement donne **dídó** ; **kpɛ́**, *battements des mains, applaudissements*).

Remercier une personne se dit **dò kú nú mɛ** (lancer-salut-pour-personne) ou encore **dò kpɛ́ nú mɛ** (lancer-applaudissements-pour-personne).

Le fon dispose de formules variées pour adresser des remerciements ou des souhaits :

- **à blǒ** (= tu as fait). - *merci.*
- **à blǒ dín** (= tu as fait beaucoup). - *grand merci.*
- **mi bló ɖésú** (= vous avez fait beaucoup). - *grand merci.*
- **Kofí wà nǔ** (= Kofi a fait une chose). - *merci à Kofi.*
- **Kofí wà nǔ káká.** (= Kofi a fait une grande chose)
- *grand merci à Kofi.*

Les Fon aiment remercier pour tout et utilisent sans arrêt l'expression **kú dó**, *salut pour* ou encore *merci pour.*

Exemples :

Pour un service rendu
- **kú d'ázɔ̌**. - *salut (merci) pour le travail.*

Pour un cadeau d'argent
- **kú d'ákwɛ́**. - *salut (merci) pour l'argent.*

Pour une visite après un long déplacement à pied, un voyage
- **kú dó zonlìn**. - *salut (merci) pour la marche.*
- **kú d'álì**. - *salut (merci) pour le chemin, la route.*

Pour un événement qui s'est produit la veille, ou plus
- **kú dó sɔ̀ (kú sɔ̀)**. - *salut (merci) pour hier.*
- **kú dó gbenɛ́gbè**. - *salut (merci) pour l'autre jour.*

De nombreux emprunts yoruba fonctionnent quotidiennement et témoignent des contacts dynamiques, militaires, culturels et religieux entre les Fon et leurs anciens ennemis yoruba.

Exemples :
- **kwicɛ** (**kú ícɛ**). - *salut (merci) pour le travail.*
- **kú nàwo**. - *merci pour la dépense* (**na**) *d'argent* (**owó**).
- **kú anǎ, k'ánǎ.** - *merci pour hier.*

Il est courant de formuler des voeux en guise de remerciement.

Exemples :
- **é ná nyɔ́ nú wè (é ná cɛ nú wè).** (= ce sera bon pour toi)
- *cela te réussira ; merci, tu réussiras.*
- **Mǎwǔ ná ba d'ějí nú wè.** - *Dieu t'en donnera plus.*
- **fíɖě a ba sín ɔ́ Mǎwǔ ná sɔ́ ɖó tɛn ton mɛ nú wè.**
  Là où tu l'as trouvé, Dieu le remettra à sa place pour toi.

- *Dieu te le rendra* (pour un don).
- **gbɛ ná fá nú wè.** - *la vie sera fraîche* (douce) *pour toi.*
- **Mǎwǔ ná hɛ̀n wè, Mǎwǔ ná kpón wè.**
- *Dieu veillera sur toi, que Dieu te garde.*
- **Mǎwǔ ní fón mǐ.** - *que Dieu nous réveille, à demain.*

A toutes ces marques de gratitude et d'attention, l'on répond par :

- **oo.** - *oui.*
- **é ná cɛ (ní cɛ).** - *qu'il en soit ainsi.*
- **é sù kú ǎ** ou **é sù kpɛ́ ǎ** ou **é sù nùɖé ǎ.**
- *cela ne vaut pas un merci, ce n'est pas grand chose, de rien.*

Excuses - Pardon

Pour s'excuser d'une faute, pour demander pardon, pour solliciter une autorisation, pour demander la paix, pour implorer les puissances sacrées, les Fon se servent de diverses expressions dont voici un petit échantillon :

- **àgoò**, *pardon, peut-on passer, laissez-passer.*
- **gbɔ̀**, *arrête, pardon, patience, paix.*
- **jòdó, jò xó dó** (laisse, laisse la parole), *n'en fais pas une histoire, laisse tomber.*
- **kɛnklɛn**, *pardon, de grâce, s'il te plaît.* (cette formule est la plus usitée ; elle se place toujours en début de phrase).
- **ún dó kɛnklɛn nú wè**, je-lance-pardon-à-toi. *je te demande pardon.*
- **kànxwébyɔ́**, *demander des nouvelles* (**kànbyɔ́**) *de la maison* (**xwé**), *saluer toute la "famille" pour solliciter sa permission en vue de...*

- **j'ǎvalú (jǒ àvalú)**, *rendre hommage aux autorités, aux puissances,* pour demander leur bénédiction, leur bienveillance avant d'entreprendre une action ou avant de dire quelque chose d'important (c'est une sorte de garantie, d'appel à témoin).
- **ma sìn xomɛ ó**, *ne te fâche pas.*
  (n'attache pas, **ma sìn... ó**, le ventre, **xomɛ**)
- **byɔ̌ gbè**, *demander à partir* (= s'excuser pour partir)
- **sàvò nú mɛ** (supplier-à-quelqu'un)
  supplier, demander pardon
- **vòsísà** (le fait de supplier) *supplication, pardon*

Exemples :

- **Kofí sàvo nú Sagbó**, *Kofi a demandé pardon à Sagbo.*
- **Kofí, kɛnklɛn, (bo) wǎ sɔ**, *Kofi, s'il te plaît, viens demain.*

Dialogue

a- **àgoo ɖò xwégbè ?** (pardon-dans-la-maison)
y a-t'il quelqu'un ?

b- **mɛ wɛ ?** *qui est-ce ?*

a- **nyɛ wɛ̀.** *c'est moi.*

b- **hwi mɛ̌ ?** *toi, qui ?*

a- **nyɛ Kofí wɛ̀.** *c'est moi, Kofi.*

b- **mɛ ní wá** (que la personne vienne), *entrez !*

ou encore une réponse spéciale chez les Fon :

b- **àgoo nɔ̀ dǒn mɛ ní wá.**
*que "**àgoo**" reste là-bas et que la personne vienne.*

DEPLACEMENTS - ORIENTATION

Lors des déplacements en ville ou des voyages, on peut demander diverses informations pratiques et obtenir les réponses suivantes.

- **fítɛ́ ?** - *où ?*

- **alítɛ́ ?** - *quel chemin, par quel chemin ?*

- **tlélé (téélé).** - *tout droit.*

- **aɖísíxwé (ɖísíxwé).** - *à droite.*

- **amyɔxwé.** - *à gauche.*

- **lìlɛ́, lɛ̀ɛ́.** - *tourne.*

- **nɔtè.** - *attends, arrête-toi.*

- **yǎwǔ.** - *dépêche-toi.*

- **kanwezùn.** - *cours.*

- **zòn dɛ̌dɛ̌.** - *va lentement.*

- **dǒn.** - *là-bas.*

- **fítɛ́ doto xwé ɖè ?** (où-docteur-maison-est)

- *où se trouve le dispensaire* (la maison du docteur) ?

- **é ɖò dǒn.** - *c'est là-bas.*

- **alítɛ́ (fítɛ́) é nɔ́ gbon yì ? - gbòn (yì) tlélé (téélé).**

- *où passe-t'on pour y aller ? - passe (va) tout droit.*

- **gbòn amión xwé.** - *passe à gauche.*

- **gbòn ɖísí xwé.** - *passe à droite.*

- **é lín dó fí à ? - éǒ, tófí jɛ́n wɛ̀.**

- *est-ce loin d'ici ? - non, c'est ici tout près.*

- **é lín à ? - ɛɛn, é lín kpɛɖé.**

- *est-ce loin ? - oui, c'est un peu loin.*

- **fítɛ́ é nɔ dó hǔn ɖè ?**

- *où* (**fítɛ́... ɖè**) *prend-on le moyen de transport* (**hǔn**) ?

- **ɖò alagáà.** - *à la gare.*

- fítɛ́ é nɔ jɛ̀ sansi ɖè ?
- *où achète-t'on* (**é nɔ jɛ̀**) *de l'essence ?*
- zè mi yì dòto xwé.
- *emmène* (**zè... yì**)*-moi au dispensaire.*
- ún ná jɛte ɖò fí. - *je vais descendre ici* (**ɖò fí**).
- gan nabí mɛ̀ hùn nɔ sún ? - *à quelle* (**nabí mɛ̀**) *heure* (**gan**) *le moyen de transport démarre-t'il ?*
- é ɖó gan mɛ̀ ǎ. - *il n'a pas d'heure* (il-a-heure-dans-pas).
- hwétɛ́nú mì ná jɛ̀ dǒn ? (quand-nous-allons-arriver-là-bas)
- *quand (à quel moment) arriverons-nous là-bas ?*
- é ná lín ǎ. - *ce ne sera pas long* (durée).
- fítɛ́ a xwé ? (où-tu-vas) **- ún xwè Kútɔ́nú.**
- *où vas-tu ? - je vais à Cotonou.*
- fítɛ́ a gosín ? (où-tu-viens) **- ún gosín Àgbǒmɛ̀.**
- *d'où viens-tu ? - je viens d'Abomey.*
- a sìxú dó pínpan àlǒ tasíì.
- *tu peux prendre le train ou un taxi.*
- a sìxú dó zěmìjàn ɖò Kútɔ́nú tóxómɛ̀. - *tu peux prendre le taxi-moto à l'intérieur* (**ɖò... tóxómɛ̀**) *de Cotonou.*
- (kwɛ) nabí e nɔ sú. - cakí ɖokpó àdaɖé.
- *combien (d'argent) paie-t'on ? - 1.500 (1.000 et 1/2) FCFA.*
- é v'áxì (vɛ́ axì). - éǒ, é kpɔ̀.
- *c'est cher. - non, c'est bon marché.*

HEBERGEMENT - TOILETTE - SOMMEIL

- fítɛ́ ún sìxú (ná) dɔ́ égbé zaňmɛ̀ (gbadanù) ?
- où-je-peux-(vais)-dormir-aujourd'hui-nuit-(soir)
- *où puis-je dormir ce soir ?*
- Kofí xwé. - xwé cé gbè.
- (dans) Kofi-maison. - maison-ma-dans.
- *chez Kofi. - chez moi.*

- **ún ɖó xɔnɔnɔ wè.** - *j'ai deux chambres* (à coucher).
- **àkánmà wè.** - *deux lits.*
- **zàn gègé.** - *plusieurs nattes.*
- **fítɛ́ àdádo ɖè ?** - *où sont* (se trouvent) *les WC ?*

(**àdà**, *excréments*, **dò**, *trou, fosse*)
- **fítɛ́ wùlɛkpámɛ ɖè ?** - *où est la douche ?*

wǔ-lɛ-kpámɛ̀ = corps-laver-enclos-dans = *enclos où l'on se lave le corps*
- **àɖǐ ló ?** - *et le savon ?*
- **wùsúnsún-nú ló ?** - *et la serviette ?*

wǔ-súnsún-nú = corps-essuyer-chose = l'objet pour s'essuyer le corps
- **tékán ló ?** - *et l'éponge ?*

tékàn = cordes, fibres végétales
- **é ɖiè.** - *la (le) voici.*
- **kpón súkpɔ̀.** - *regarde la mouche.*
- **kpón zànsúkpɔ̀ (zànsúkpɛ̀).**

- *regarde le moustique.* (**zànsúkpɔ̀** = la mouche de nuit)
- **zànsúkpɛ húnu ló ?** - *où est l'insecticide ?*

húnu = tuer-chose, *chose qui tue*
- **amlongɔ́ sín mì.** - *j'ai sommeil* (le sommeil m'a attaché).
- **ún jló ná mlányǐ.** - *je veux me coucher.*
- **ún jló ná d'amlòn.** - *je veux dormir.*
- **é sù àyìhón** (jusqu'à ce que la terre s'éclaire). - *bonne nuit.*
- **é yì sɔ.** - *à demain.*
- **sɔ̀ zǎnzǎn gàn aizɛ́n mɛ̀.** - *demain matin, à six heures.*
- **fón mì zǎnzǎn tɛɛ̀n** (**zǎnzǎn tɛɛ̀n**, *matin tôt*).

- *réveille-moi de bon matin.*
- **ɛɛn, é nyɔ́.** - *oui, d'accord* (**é nyɔ́**, *c'est bon, bien*).
- **ún ná tɛkàn sɔ zǎnzǎn.**

- *je vais téléphoner demain matin.*

- **xovɛ́ sín mì.** - *j'ai faim* (le ventre amer m'a attaché).
- **étɛ́ à nǎ ɖù ?** - *que vas-tu manger ?*
- **étɛ́ (ani) a ɖà ?** - *qu'est-ce que tu as cuisiné ?*
- **ún ɖà wɔ̀ɔ́ (wɔ̌).** - *j'ai préparé (cuisiné) de la pâte* (*pâte de maïs*, aliment de base du Bénin-sud).
- **wɔ kpó étɛ́ kpó.** - *la pâte avec quoi ?*
- **kokló ɖè.** - *il y a du poulet* (terme générique : poule, coq).
- **lan ɖè.** - *il y a de la viande.*
- **gbɔ̀ lan ɖè.** - *il y a de la viande de mouton.*
- **nyibú lan ɖè.** - *il y a de la viande de boeuf* (*veau, vache*).
- **àzwí lan ɖè.** - il *y a de la viande de lapin* (*ou lièvre*).
- **xɔ lan ɖè.** - *il y a de l'agouti.*
  (**xɔ** = *agouti, aulacode,* rongeur très apprécié).
- **hweví ɖè.** - *il y a du poisson.*
- **hweví mú.** - *du poisson frais.*
- **hweví hihi.** - *du poisson fumé.*
- **hweví sísɔ (hwé sísɔ).** - *du poisson frit.*
- **nùsúnú ɖiè.** - *voici de la sauce.*
- **mà nusunu ɖiè.** - *voici de la sauce* (genre d') *épinards.*
- **gùsí nusunu ɖiè.** - *voici de la sauce de sésame.*
  (sésame = graines de citrouille)
- **dè nusunu ɖiè.** - *voici de la sauce de noix de palme.*
- **feví nusunu ɖiè.** - *voici de la sauce de gombo.*
  (**feví,** *Hibiscus Esculentus,* dont la sauce gluante est très estimée des Fon. Il existe aussi le **nɛ́núwi**, *Corchorus Clitovius,* dont les feuilles servent à préparer une sauce elle aussi gluante et très appréciée des Fon et des Yoruba).
- **wɔ̀ tɛ́ a ɖà ?** - *quelle pâte as-tu cuisinée ?*

- **amíwɔ́** (= *la pâte à l'huile*)
- *la pâte rouge*, la pâte à la tomate (plat de choix pour les grandes réceptions ; elle s'apparente un peu à la polenta).
- **giwɔ́.** - *la pâte fermentée (de maïs).*
- **línfínwɔ́.** - *la pâte de farine* (*de maïs*, blanche).
- **gbàdéwɔ́.** - *la pâte de maïs.*
- **galíwɔ́.** - *la pâte de gari* (le gari est une farine granulée, obtenue avec de la pulpe de manioc râpée et torréfiée dans des récipients en terre cuite).
- **àgǔn.** - *l'igname pilée* (pâte obtenue avec de l'igname bouillie et pilée en ajoutant de l'eau, bien ferme).
- **telibɔ́.** - *la pâte de farine d'igname* (cette farine s'obtient avec de l'igname séchée puis mise en poudre fine et blanche qui prend une couleur marron à la cuisson).
- **àblóò.** - *genre de pain de maïs fermenté.*
- **mɔ̌likún.** - *du riz.*
- **likún wɔ́.** - *de la pâte de mil (petit mil).*
- **abɔkún wɔ́.** - *de la pâte de sorgho (gros mil).*
- **dokwín.** - *de la patate douce.*
- **anyà.** - *du ragoût, de la purée.*
- **téví.** - *de l'igname.*
- **dokwín-nyà.** - *de la purée de patate douce.*
- **teví-nyà.** - *du ragoût d'igname.*
- **teví ɖiɖà.** - *de l'igname bouillie.*
- **dokwín sisɔ̀.** - *de la patate douce frite.*
- **gbadé.** - *du maïs.*
- **gbadé ɖiɖà.** - *du maïs bouilli.*
- **gbadé hihì.** - *du maïs grillé.*
- **gbadé fɛ́.** - *du maïs frais* (non encore séché).
- **ayikún.** - *des haricots.*
- **abɔbɔ̀.** - *du cassoulet de haricots.*

(se mange avec de l'huile rouge et du gari)

- **àtá.** - *des beignets de haricots* (grossièrement écrasés).
- **dokɔ́.** - *des beignets de haricots finement écrasés.*
- **àblǎ.** - *de la pâte de haricots assaisonnée et cuite à la vapeur.*
- **lɛlɛ̀.** même sens que **àblǎ.**

Remarque : Lorsque le Fon reçoit, il fait tout ce qu'il peut et même davantage pour bien accueillir son invité. Il va jusqu'à s'endetter pour lui offrir un repas à son goût, à son habitude. Ainsi, lui présentera-t'il des mets de son pays et des plats fon. A un *Blanc*, **Yovó**, français, on servira :

- **saladà.** - *de la salade.*
- **griyà.** - *des grillades.*
- **àzìn.** - *des oeufs.*
- **àzin ɖiɖà.** - *des oeufs durs* (= œufs bouillis).
- **àzin sisɔ̀.** - *une omelette* (= œufs frits).

et surtout un *dessert* (**désɛ́ɛ̀**) car, comme disent les Fon :

- Yovó ɖù nǔ ma ɖù désɛ́ɛ̀.

- *un Blanc ne mange pas sans manger un dessert.*

Ce peut être un fruit bien mûr ou une préparation à base de sucre ou bien sucrée "comme l'aiment les **Yovó**" car, chez les Fon, tout ce qui est bon et sucré est **yovó** ; ainsi s'expliquent les noms **yovó-jɛ̀**, *le sucre* (sel des Blancs), par opposition à **jɛ̀**, *le sel* ; de même **yovó-zɛn**, *l'orange* (le citron des Blancs), par opposition à **klé**, *le citron*, et **àzongbó**, le *pamplemousse* (orange malade, **àzon**, *malade*, **gbǒ** *orange*).

Tous ces mets sont considérés comme des *aliments de Blanc* : **yovó-núɖúɖu**.

Les Fon mangent les fruits et les "sucreries" en dehors des repas, habituellement dans l'après-midi. Les fruits et friandises les plus courants sont :

Les fruits

- **kokwé**, *les bananes*
- **yovózɛn**, *les oranges*
- **àgòn**, *ananas* (ou **ananáà**)
- **àgonkɛ́**, *la noix de coco*
- **léké**, *la canne à sucre*
- **mǎgà**, *la mangue*
- **lǐmà**, *la mandarine (clémentine)*
- **kɛ̌kún**, *la goyave*
- **kpɛ̀n**, *la papaye*
- **àdrù**, *le coco vert* (dont on boit le lait)
- **klé**, *le citron*
- **àzongbó**, *le pamplemousse*
- **àslɔ́** (**àsrɔ́**), la *pomme sauvage* (le noyau de ce fruit contient une amande dont la poudre sert à cuisiner une sauce gluante très appréciée).

Les friandises

- **àtá**, *beignet de haricots grossièrement écrasés.*
- **dokɔ́**, *beignet de haricots finement écrasés.*
- **talétalé**, *beignet de bananes écrasées et mélangées à de la farine de maïs.*
- **mǎsà**, *beignet de pâte de maïs fermenté-sucré et légèrement levé comme du pain.*
- **àzîn**, *les arachides.*
- **àzîn ɖiɖà**, *arachides bouillies et salées.*
- **àzîn sisɔ̀**, *arachides grillées.*
- **klɛklɛ**, *galette* (très dure) *de maïs.*
- **àzîn ganví**, *galette d'arachides.*
- **gbadé ganví**, *galette de maïs.*
- **tɔfî**, *bonbon caramel* fait avec du jus de coco et du sucre ou du lait sucré concentré ; mot emprunté à l'anglais.

- **kóúnkádà**, *boulette d'arachides grillées et caramélisées* (emprunt du portugais, introduit par les esclaves affranchis du Brésil et installés à Ouidah).

Un bon nombre de mots, de noms et d'habitudes alimentaires du Bénin-sud sont de la même origine, comme **fɛnyɛ̀**, *le manioc*, **fɛcúadà**, *la purée de haricots*, **akasá** (cassave), *pâte de maïs fermentée, enveloppée en boules dans de larges feuilles d'arbre, de bananier.*

L'influence des Afro-Brésiliens, débarqués au début du 19e siècle est également sensible au niveau des noms de famille (de Souza, de Meideros, da Matha, da Silva, de Campos, etc), des pratiques vestimentaires comme les *uniformes de fête*, **ankóò**, ou des styles architecturaux (villas et petites maisons à un étage avec vérandas, à Ouidah et à Porto-Novo).

Les liens culturels et économiques tissés par la force des événements pendant les siècles d'esclavage des Noirs en Haïti, à Cuba, au Brésil et ailleurs existent toujours et méritent d'être renforcés. C'est pourquoi, avec le soutien de l'UNESCO, le Bénin a organisé, dans les années 1992-1994, deux grandes manifestations internationales à savoir, d'une part "Ouidah 92, retrouvailles Amériques-Afrique, premier festival des cultures vaudou", d'autre part "La Route de l'Esclave". L'objectif visé a été nettement proclamé à peu près en ces termes : "il s'agit d'assurer à toute la diaspora nègre le Retour aux Origines ; ce sera l'occasion de rappeler le rôle joué par les Noirs d'Afrique, un peu malgré eux, dans le développement de l'Europe et des Amériques ; ce sera surtout l'occasion pour ces derniers de renforcer leur solidarité, face aux défis du temps présent." Et, joignant le geste à la parole, le Gouvernement a pris des mesures concrètes pour accorder la nationalité à ceux dont le Bénin est le pays d'origine et pour faciliter leur réinsertion dans la société de leurs ancêtres.

Menu ordinaire type pour les trois repas de la journée dans une famille modeste

• **Le petit déjeuner, zǎzǎn núɖuɖù** (= nourriture du matin)

Traditionnellement, le matin, on peut manger :

- **kokó** ou **gɔdɔ̀**, *de la bouillie de maïs fermenté* accompagnée de **àzîn sisɔ̀**, *des arachides grillées* ou de **àtá** ou **dokɔ́**, *beignets de haricots*
- **abɔbɔ̀**, *du cassoulet de haricots* qui se mange mélangé à de *l'huile rouge*, **amivɔvɔ**, ou à du **jǎ**, *friture de tomate*, et du **galí**, *gari* (farine de pulpe de manioc râpée et torréfiée)
- **mǎsà**, *des beignets de maïs fermenté-sucré*
- **teví sisɔ̀**, *des ignames frites*
- **dokwín sisɔ̀**, *des patates douces frites*

N.B. : Tous ces aliments s'achètent généralement au bord des rues ou sur les places publiques ou les petits marchés de quartier.

- **wɔ̀kolí** ou **wɔ̀fléflé**, *de la pâte de la veille, "pâte d'hier".* Il s'agit du reste de pâte de maïs de la veille que l'on coupe en petits morceaux et que l'on réchauffe dans un reste de sauce de tomates et de gombo ; ce mets est très apprécié des Fon.

De nos jours, le petit déjeuner peut être composé d'un bol de thé, de café ou de *citronnelle*, **cáà** (**cáàmà**, *feuilles de citronnelle*), avec ou sans lait, avec ou sans pain ; les termes utilisés sont tous empruntés : **tîì**, *thé*, **pɛ́ɛ̀n**, *pain*. Beaucoup de personnes aiment aussi manger du riz saupoudré de gari et arrosé d'un peu de sauce de tomates ou de *friture de tomates*, **jǎ**.

• **Le déjeuner, hwemɛnúɖuɖù** (= repas pendant le soleil)

Dans la tradition, le repas de la mi-journée est moins important que celui du soir, où toute la grande famille est rassemblée.

Il s'agit généralement d'un plat unique comportant deux éléments principaux : une sauce et une garniture ou un accompagnement.

La sauce, **nùsúnú**, peut être simple, à base de tomates, de piment et autres épices, avec des morceaux de poisson ou de viande ; elle est d'ordinaire légère et liquide, d'où son nom de **nùsúnú-sìn**, *"sauce-eau"* ; elle peut être doublée d'une des trois variétés de *sauce gluante*, **dɛnú** (= chose baveuse), à laquelle on la mélange dans l'assiette.

Outre la sauce simple, il y a toutes les sauces complexes dont nous avons donné les noms dans les pages précédentes, à savoir : la sauce à l'épinard, la sauce au sésame, la sauce à la noix de palme, la sauce à l'arachide...

La garniture, qu'on arrose de sauce ou qu'on y trempe par petits morceaux ou petites boules est constituée par l'une ou l'autre des différentes sortes de *pâte*, **wɔ̀ɔ́**, **wɔ̌**, à savoir : la pâte de maïs, la pâte fermentée, la pâte de gari, la pâte de farine d'igname, la pâte de mil, la pâte de sorgho, la pâte de farine de manioc, l'igname pilée, le pain de maïs fermenté, la *pâte de maïs fermenté enveloppée dans des feuilles d'arbre*, **akasá**, **kansán**, ou *non enveloppée*, **gì**.

De nos jours, le riz, puis le couscous et les pâtes alimentaires, appelées "macaroni", sont de plus en plus appréciés.

La boisson quotidienne est et reste l'eau.

• **Le dîner, gbada(nu) núɖuɖù** (= repas du soir)

Autant le repas de la mi-journée peut être léger et pris "sur le pouce" séparément, au champ, au marché ou à l'extérieur à qui mieux mieux, autant celui du soir est vécu, du fait du retour de chacun au logis ou à la maison à la tombée de la nuit, comme un moment privilégié où se manifestent et se renforcent toutes les relations familiales et sociales, où les uns et les autres se retrouvent à leur place dans leurs rôles respectifs, selon la hiérarchie tradi-moderne de la *famille*, **hɛ̌nù**, entité sociologique forte de son unité et de sa solidarité à toute épreuve, comme le laisse entendre le dicton : *même si un pays se casse, la famille ne se casse pas*, **to gbà nyí hɛ̀nu gbà ǎ**.

Le repas du soir, toujours chaud, au moment où il fait plus frais, est très généralement sinon nécessairement composé d'une sauce accompagnée d'une pâte, d'où son nom **gbada-wɔ́**, *la pâte du soir*.

Dans la *concession familiale*, **xwé**, **xwégbè**, où se regroupent, autour de la *case*, **xɔ̀**, du chef de famille, toutes les demeures privées de ses épouses avec leurs enfants, de ses vieux parents et de ses fils adultes mariés ou non, chaque femme s'active à la préparation de ce "grand" repas de la journée.

Habituellement, *le chef de famille*, **hɛ̀nugán**, mange seul (quelquefois avec sa première épouse), tandis que les enfants se retrouvent entre eux ou avec leur mère. Au sein de la famille polygamique fon, le repas du père est apprêté à tour de rôle par l'une et l'autre de ses femmes. Cette tradition est assez répandue en Afrique de l'Ouest.

Quand tout se passe bien, que la lune brille et que le temps le permet, la petite veillée de récitation des *contes*, **hwènuxó**, **xɛxó** s'installe, une fois la faim apaisée... Encore en cours dans les villages, ces soirées à la belle étoile cèdent la place en ville au cinéma, à la télévision et à la vidéo.

• **Remarque sur les boissons**

L'eau demeure le breuvage par excellence. Elle est offerte avant tout autre boisson en signe de paix. A l'occasion des fêtes, les Fon boivent et servent du *vin de palme*, **atàn**, ou de *l'alcool*, **ahan-syɛ́nsyɛ́n** (= boisson forte) obtenu par distillation de ce vin et dénommé **soɖabi**, du nom de l'importateur de l'alambic français. Malgré l'invasion des vins et alcools importés, le **soɖabi** coule à flots au sud-Bénin à cause de sa qualité et surtout de son prix, à la portée de toutes les bourses.

Terminons par quelques expressions :

- **sinnugblá sin mì**, *j'ai soif.*
  = besoin de boire de l'eau - a attaché - moi
- **sinnugblá**, *la soif*
- **étɛ́ à na nù**, *que vas-tu boire ?*
- **nǎ mì sin fífá**, *donne-moi de l'eau fraîche.*
- **sin zozò**, *eau chaude*
- **ahan fífá**, *boisson fraîche*
- **un ná nù ahan-syɛ́nsyɛ́n**, *je vais boire de l'acool.*
- **ahan-nu-mú-nòn**, *ivrogne, alcoolique*
  = alcool-boire-saouler-personne

LES ACHATS - LES MARCHES

Au Bénin, les *achats*, **nùxíxɔ̀** (= action d'acheter des choses), se font partout, dans les rues, dans les boutiques, mais surtout sur les *marchés*, **axì**, **aximɛ̀**, dont ceux des quartiers s'animent tous les jours, du matin au soir et même tard dans la nuit, tandis que les plus grands ont lieu tous les cinquièmes jours. Il n'est pas inutile de rappeler ici l'importance économique, sociale et religieuse du marché dans la vie des Fon : c'est un lieu de rencontres et d'échanges de tous genres, fréquenté même par les morts ; on s'y rend généralement par petits groupes, par sexe et par classe d'âge, les fillettes accompagnant leurs mères.

Un tel point de rassemblement, de vie et d'activité intenses a besoin d'être consacré et protégé contre les mauvais esprits ; c'est pourquoi chaque marché est placé sous la garde d'une prestigieuse *divinité* **vodún** du nom de **àǐzàn, lɛ̌gbà, tolɛgbà**, équivalent fon d'Hermès ou de Mercure, responsable à la fois de l'ordre et du désordre social, symbole de l'habilité et de la ruse, exécuteur des mauvaises oeuvres des **vodún** et de toutes sortes de méchancetés et, pour ces raisons, placé à tous les endroits stratégiques pour en éloigner le malheur.

Sur le plan religieux, les marchés jouent également un grand rôle. Ainsi, dans la région d'Abomey par exemple, la succession des quatre marchés importants détermine les jours de la semaine traditionnelle ; de nombreuses célébrations liturgiques commencent, se poursuivent ou s'achèvent au marché : procession des mères de jumeaux, rite saisonnier des prémices de l'igname, cérémonies de sortie des nouveaux initiés vodoun, danses rituelles d'anathématisation, etc ; le jour de marché, on ne travaille pas dans les forges, on ne va pas au champ, on n'enterre pas les morts.

Ordre de succession des quatre grands marchés traditionnels de la région d'Abomey

- **àjǎxì**, *marché des Adja résidant à Abomey*
- **miɔxì**, *marché du feu* à Kana, ville sainte de la dynastie d'Abomey
- **àdɔgwinxì**, *marché* à Kana
- **zogbodoxì**, *marché de Zogbodo,* à 12 km au sud de Bohicon

Deux autres marchés très importants ont été créés plus tard. Ce sont :

- **hunjloxì**, institué à Abomey par le roi **Gezò** après la destruction du royaume **maxí** ; du nom de **Hunjro** ou **Hunjlo**,

- **gbɔ̌xì**, *marché aux moutons* à Bohicon.

S'agissant des achats, leur spécificité en milieu fon comme en Afrique de l'Ouest vient de la pratique et de la technique du *marchandage*, **axiɖiɖè**, (= action d'extraire, de tirer le marché). C'est un dialogue dont le but est de faire baisser le prix annoncé par le vendeur. Il ne se termine pas toujours avec la courtoisie souhaitable.

Quelques termes et expressions utiles pour faire de "bonnes affaires"

- **un (jló) ná xɔ̀ nǔ.** - *je voudrais acheter.*
- **étɛ́ (ani) xɔ gbé a ja ?** - *que veux-tu acheter ?*
- **un (jló) ná xɔ̀ kokwé.** - *je veux (vais) acheter des bananes.*
- **nabí a sà ?** - *à combien vends-tu ?*
- **(un sà) àtóón kpɔ́ùn ɛnɛ̀.** - *je vends les cinq à 100 FCFA.* (= à 4 pounds, soit 4 X 25 F)
- **à dǒ axi vɛ́.** - *tu dis un prix cher.*
- **bo ɖè axi bó.** - *mais marchande donc.*
- **é vɛ́ axi dín.** - *c'est trop cher.*
- **é kpɔ̀.** - *c'est bon marché.*
- **nabí a nǎ ?** - *combien donnes-tu ?*
- **un ná kpɔ́ùn wè.** - *je donne cinquante francs.*
- **é gbɛ́.** - *non* (= elle -la banane- refuse).
- **ɖɔ̌là wěwè ló** ? - *et soixante francs (5 X 12) ?*

- **éèǒ (éǒ), nǎ kpɔ́ùn atòn.** - *non, donne 75 francs (25 F X 3).*
- **xúná ló ?** - *et le supplément ?*
- **é ɖíè.** - *le voici.*
- **àjɔ̌ ná ɖisà.** - *la marchandise se vendra bien.*
(= merci, bonne chance, bonne vente)
- **nǔsísà**, *le fait de vendre*, **àjɔ̌**, *le commerce*
- **àjɔ̌tɔ́**, *commerçant(e)* (différent de **àjotɔ́**, *voleur*)
- **nǔsatɔ́**, *vendeur, vendeuse* (= vendeuse professionnelle)
- **axisì**, *vendeur, vendeuse* (= femme de marché)
- **àkwɛ, kwɛ**, *l'argent*
- **dɔkùn**, *la richesse*
- **àkwɛnɔ̀, dɔkunnɔ̀,** *un riche*
(= possesseur d'argent, possesseur de richesse)
- **lè**, *bénéfice*
- **ɖù lè**, *faire du bénéfice* (= manger, gagner le bénéfice)
- **àxɔ́**, *dette, crédit*
- **sà**, *vendre*
- **xɔ̀**, *acheter*
- **sà àxɔ́**, *vendre à crédit*
- **xɔ̀ àxɔ́**, *acheter à crédit*
- **ɖù àxɔ́**, *s'endetter* (= manger, gagner la dette)
- **sú àxɔ́**, *payer sa dette*
- **nùxɔtɔ́**, *acheteur, acheteuse*
- **axisinɔ̀**, *client, fournisseur habituel*
- **xwlé axì**, *faire le marché, faire les courses au marché*
- **àkwɛta**, *le capital (financier)* (= tête d'argent)
- **nùsisà** (= choses à vendre), *les marchandises*
- **agbàn** (= bagages, affaires), *les marchandises*
- **àjɔ̀nú** (= choses de commerce), *les marchandises*
- **ɖù agbàn**, *faire faillite* (= manger les affaires)

- **axitɛgbe wɛ nyi egbè ?**
  quel jour de marché est-ce aujourd'hui ?
- **egbe wɛ nyi Hunjlò.**
  aujourd'hui, c'est le jour de marché Hunjlo.
- **sɔ ná nyí Zogbodó.**
  demain sera le marché Zogbodo.
- **Tɔkpá ná jɛ̀ sɔ.**
  le marché Tokpa s'animera demain.
  (Tokpa est le grand marché international de Cotonou)

L'EXPRESSION DU TEMPS

Les Fon utilisent les termes **hwè**, *soleil* et **hwenù**, *sous le soleil, dans le soleil,* pour exprimer tout ce qui a rapport au temps et à la durée. Ces termes recouvrent les sens de *temps, époque, période, date, saison, durée, instant, circonstance, occasion, souvenir durable.*

Formules composées de hwenù

- **hwetɛnù ?** *quand, à quel moment ?*
  hwe-tɛ-nù = soleil-quel-sous = sous quel soleil
- **hwenu e jàwé ɔ́**, *l'avenir*
  hwenu-e-jàwé-ɔ́ = temps-qui-vient-le
- **hwenu e wayi ɔ́**, *le passé*
  hwenu-e-wayi-ɔ́ = temps-qui-est passé-le
- **hwenu dín**, *il est tard, trop tard* (= le temps est passé).
- **hwenu sù**, *il est temps, c'est le moment.*
  le temps est grand, a grandi
- **hwenu kpò**, *il reste du temps* (= le temps reste).
- **hwè élɔ́ nú**, *en ce moment* (en cette période)
  (= soleil-ce-sous = sous ce soleil)

Autres termes

- **din**, *maintenant*
- **egbè**, **egbezangbè**, *aujourd'hui, "ce jour d'aujourd'hui"*
- **sɔ (e jàwé ɔ́)**, *demain* (demain qui vient)
- **sɔ (e wayi ɔ́)**, *hier* (hier qui est passé)
- **àzǎntongbè**, *après-demain*
  (= jours-trois-dans = dans trois jours)
  (les Fon comptent le jour de départ et d'arrivée)
- **àzǎnton ɖíè**, *avant-hier*
  (= jours-trois-voici = voici trois jours)
- **gbetɛgbè mǐ ɖè ?** *quel jour sommes-nous ?*
- **gbetɛgbe wɛ nyi egbè ?** *quel jour est-ce aujourd'hui ?*

Le temps qu'il fait

s'exprime par le composé **gbɛmɛ̀**, *atmosphère, nature* (**gbɛ̀**, *la vie, le monde, la nature,* **mɛ̀**, *dans*).

- **gbɛmɛ nyɔ́**, *il fait bon, il fait beau.*
  = atmosphère-être bon
- **gbɛmɛ zàwě**, *il fait bon, il fait beau.*
  = atmosphère-être claire
- **gbɛmɛ kón**, *il fait bon, il fait beau.*
  = atmosphère-être dégagée
- **gbɛmɛ fá**, *il fait frais.*
- **nɛ̌wɛ̀ gbɛmɛ ɖè ?** *quel temps fait-il ?*
  = comment-atmosphère-être
- **wɛ̀kɛ́(mɛ̀)**, *l'univers, le monde entier, le cosmos*

Le décompte du temps

Le calendrier fon répartit le temps en années, mois, semaines, journées et nuits. La terminologie en usage se réfère à la vie civile, saisonnière et liturgique.

- **xwè**, *l'année*
- **xwè**, *la fête*
- **mì ná ɖù xwè ɖaxó ɖokpó xwè elɔ mɛ̀.**
  nous ferons une grande fête cette année.
  (nous-mangerons-fête-grande-une-année-cette-dans)
- **xwegbè (xwezangbè)**, *jour de fête*
- **xwe yɔ̀yɔ́**, *nouvel an*
- **àzǎn**, *jour*
- **àzǎn wè**, *deux jours*
- **kézè**, *jounée, jour* (par opposition à "nuit")
- **kéze ɖò tè**, *il fait encore jour* (= le jour est debout).
- **zǎn, zǎnmɛ̀**, *la nuit*
- **zǎn kézè**, *jour et nuit, nuit et jour*
- **Kofí nɔ wàzɔ̌ zǎn kézè**, *Kofi travaille jour et nuit.*
- **zinflu, ablù**, *obscurité*
- **zinflumɛ̀, ablùmɛ̀**, *dans l'obscurité*
- **wèzizà**, *clarté*

En dehors des expressions précédentes, les différents moments de la journée et de la nuit sont indiqués par des termes précis.

• Divisions de la journée

- **àyǐtèhɔ̀nu, àyìhínhɔ́n**, *l'aube, le lever du jour*
- **zǎnzǎn, zǎnzǎntɛɛ̀n**, *le matin, de bonne heure*
  (entre 5 et 6h)
- **zǎnzǎnhwemɛ̀**, *le matin* (entre 9 et 11 heures)
  = matin-soleil-dans

- **hwènyìhwǎn**, *midi* (le soleil a lancé une pierre)
- **hwèmɛ̀**, *début d'après-midi* (entre 12 et 15 heures)
- **hwelɛkɔ̀**, *après-midi* (entre 15 et 17 heures)
  = le soleil a tourné le cou = le soleil s'est retourné
- **hwèyìdò, hwejayǐ**, *après-midi* (entre 17 et 19 heures)
  = le soleil est descendu, le soleil est tombé
- **hwèyìxɔ̀**, *le crépuscule* (entre 19 et 20 heures)
  = le soleil est allé dans sa case, le soleil s'est couché

• **Divisions de la nuit**

- **gbadà, gbadanù**, *le soir, la tombée de la nuit*
- **zǎnmɛ̀**, *la nuit*
- **zànvlɔ́ɖowè**, *minuit* (= la nuit-divisée-en-deux)
  zǎnxwetè, *minuit* (= la nuit debout)
- **zànxoxomɛ̀**, *au coeur de la nuit* (nuit-vieille-dans)
- **koklokɔ́àsí**, *au 1er chant du coq* (entre 4 et 5h)

• **L'heure**

- **gàn, ganxixò**, *l'heure* (= fer, métal, gong, cloche)
- **nukún-xwíxwè-ɖokpó**, *une seconde*
  = le temps de ciller une fois, un clin d'oeil
  cɛju ɖokpó (emprunt du yoruba, même sens)
- **gan nábí wɛ xò**, *quelle heure est-il ?*

• **La semaine traditionnelle de quatre jours**

Chez les Fon, la semaine traditionnelle était de quatre jours déterminés par la succession des quatre grands marchés cités dans les pages consacrées aux achats et aux marchés. On ajoute alors à ce dernier mot le terme **gbè**, *jour*, pour avoir, par exemple, **àjàxigbè**, *le jour du marché des Adja*, une ethnie du département du Mono, ancêtres des Fon et dont une colonie est installée dans un quartier d'Abomey.

• **Les sept jours de la semaine moderne**

- **vodúngbè**, *dimanche* (= *jour du Vodoun*)
  Aklúnɔzangbè (= *jour du Seigneur = dimanche chrétien*)
- **tɛnigbè**, *lundi* (de l'arabe = deuxième jour)
- **gùzangbè**, *mardi*
  (= jour de la divinité **Gǔ**, dieu du fer, des armes, de la guerre, protecteur des forgerons)
  talatagbè (de l'arabe = troisième jour), *mardi*
- **àzǎngagbè**, *mercredi* (= jour lɔng)
- **nyɔ̀nuzangbè**, *jeudi* (= jour des femmes)
  lamisigbè (de l'arabe = cinquième jour), *jeudi*
- **àxɔ́súzángbè**, *vendredi* (= jour du roi)
- **sibigbè**, *samedi* (de l'arabe = septième jour)
- **axiga ɖokpó**, *intervalle entre deux marchés*
- **vodúngbegblamɛ̀ ɖokpó**, *une semaine*
  (intervalle entre deux dimanches)

• **Tabous liés à certains jours de la semaine**

Certains jours sont fastes (**àzǎn ɖagbè**, *jours bons*), d'autres néfastes (**àzǎn nyanya**, *jours mauvais*) :

- **vodúngbè**, *dimanche,* jour faste pour toutes les activités et toutes sortes de cérémonies
- **gùzangbè**, *mardi,* jour de la divinité du fer et du feu ; chômé pour les forgerons ; il est interdit de travailler le fer ou avec le fer, c'est le jour des dangers liés aux armes et au feu.

- **miɔxigbè**, *jour du marché de Kana*, chômé pour les cultivateurs ; il est interdit de travailler la terre dans la région de Kana ce jour-là.
- **àzǎngagbè**, *mercredi*, jour long, où tout traîne.
- **nyɔ̀nuzangbè**, *jeudi*, jour des femmes. Les affaires engagées mercredi risquent de traîner en longueur ; il est déconseillé, par exemple, de faire la lessive ce jour-là. Mais jeudi est un jour faste, au cours duquel toute activité se réalise avec facilité, dans le calme : les femmes sont jugées moins agressives que les hommes ; on notera plus loin, à propos des femmes, que le premier enfant d'un foyer y apporte la paix, la fraîcheur quand il s'agit d'une fille ; elle porte d'ailleurs le nom de **Xwéfá**, *la maison est fraîche*.
- **àxɔ́súzángbè**, *vendredi*, jour du roi. C'est le jour des têtes fortes, des hommes de caractère. Un enfant qui naît vendredi est censé être difficile à éduquer, un véritable caractériel. Les enterrements ne se font jamais le vendredi.

• Les douze mois de l'année

Le calendrier traditionnel fon comprend treize mois lunaires de vingt-huit jours. Il continue de fonctionner malgré l'adoption de l'année de douze mois. Le même terme, **sùn**, désigne *la lune* et *le mois*. Les dénominations se réfèrent aux activités agricoles et sociales ou aux phénomènes atmosphériques.

- **àlunsùn**, *janvier*, mois de sécheresse
- **zofínkplɔ́sùn**, *février*, mois du ramassage des cendres, dans les champs dont on a brûlé les herbes
- **xwejísùn**, *mars*, mois des premières pluies de l'année
- **lidósùn**, *avril*, mois des semailles du mil
- **nùxwasùn**, *mai*, mois du sarclage des herbes, après les semis
- **ayidósùn**, *juin*, mois des semailles des haricots

- **liyasùn**, *juillet,* mois de la récolte du mil
- **àvivɔsùn**, *août,* mois du froid
- **zǒsùn**, *septembre,* mois de la petite *saison des pluies,* **zǒ**
- **kɔ́nyasùn**, *octobre,* mois du pétrissage de l'argile pour édifier les murs
- **abɔxwísùn**, *novembre,* mois du séchage du sorgho
- **wòósùn**, *décembre,* mois de l'harmattan, vent froid et sec.

Les différentes phases de la lune sont également notées par les Fon, en termes descriptifs.

• Les phases de la lune

- **sun wa jǐ**, *la nouvelle lune*
  = la lune est venue en haut
- **sun kán kpò**, *premier (ou dernier) quartier de lune*
  = lune coupée
- **sun kán tó**, *lune presque complète*
  = la lune a coupé une oreille
- **sun kpé ká**, *la pleine lune*
  = la lune a atteint une calebasse
- **sun kúkú**, *déclin de lune* (= lune morte)

• Symboles, mythes et rites lunaires

L'importance socioculturelle de la lune est très grande en milieu fon, où il existe encore et toujours de nombreux symboles, mythes et rites solaires et lunaires.

Sunkíkó, sunkúkú (= rencontre de la lune), est la *cérémonie de sortie de la nouvelle accouchée* pour présenter son bébé à la lune, symbole de la fécondité. La première apparition de la lune est toujours saluée par chacun, qui formule des voeux pour tout le mois.

Le cycle de vingt-huit jours correspondant au cycle menstruel, ainsi s'expliquent les expressions suivantes :

- **mɔ̀ sun**, *avoir ses règles* (= trouver son mois)
- **un mɔ̀ sun cè sun élɔ mɛ̀**, *j'ai eu mes règles ce mois.* (= dans cette lune)

Voici quelques autres expressions :

- **sun ɖokpó ɖokpó**, *chaque mois* (= un mois, un mois)
- **sun tɛ́mɛ̀ mǐ ɖè ?** *dans quel mois sommes-nous ?*
- **sun tón**, *la lune s'est levée.*
- **sunhwlé ɖì**, *il y a clair de lune* (= clair de lune-briller).
- **sun wlí hwè**, (= la lune a attrapé le soleil) *il y a une éclipse de soleil.*

LA CULTURE FON

D'après l'anthropologue E. Tylor, la culture se définit comme "un tout complexe incluant les connaissances, les croyances, l'art, la morale, les lois, les coutumes et toutes autres dispositions et habitudes acquises par l'homme en tant que membre d'une société".

Telle apparaît la culture traditionnelle fon, cristallisée autour des cultes **vodún** dits animistes. En effet, la mentalité ou la représentation du réel, les activités et les relations socioculturelles des Fon sont profondément marquées par la foi en l'existence d'une vie dans l'au-delà, en l'omniprésence et en la toute-puissance d'un être suprême, **Mǎwǔ**, et de ses intermédiaires **vodún** ; cette foi se traduit quotidiennement par le respect des aînés, des ancêtres et du sacré, à tous les niveaux.

LES NOMS

Importance des noms

"L'ensemble des noms et de leurs explications peut constituer l'introduction au système des valeurs et à la vision de l'existence propres à la société" (G. Calame-Griaule, 1975, p. 88).

Le verbo-nominal **nyǐ** signifie à la fois *être* et *s'appeler, se nommer*. On peut donc dire d'un individu ou d'un objet que son nom représente son entité même. Ceci explique l'importance des noms qui, en milieu fon, sont entourés de nombreux tabous réglementant leur prononciation : l'épouse ne doit pas appeler le mari par son nom ; un enfant ne peut nommer ses parents ni ses aînés ; il n'est pas permis de dire à haute voix le nom d'une personne pendant la nuit par peur des mauvais esprits ; il en est de même pour certains produits tels que *le sel*, **jɛ̀**, *l'huile rouge*, **ami vɔvɔ**, et *le savon*, **àɖǐ**, qui reçoivent des euphémismes de substitution.

Quelles qu'elles soient, toutes les *dénominations* fon, **nyǐ** ou **nyǐkɔ**, se caractérisent par la densité des messages socioculturels qu'elles véhiculent. Elles se réfèrent en effet à des circonstances de lieu et de temps, à des situations ou à des événements particuliers.

Les noms de lieu

Voici, brièvement expliqués, les noms de quelques villes importantes du pays fon :

Aladà, *Allada* : ville située à quarante-cinq kilomètres au nord de Cotonou et à une trentaine de kilomètres de Ouidah. Première étape des Agasuvi, obligés de s'enfuir après l'assassinat du prince héritier de Tado. C'est à Allada (**Tɔgudò**), où sont conservés les pénates ancestraux, que les rois d'Abomey et de Porto-Novo allaient recevoir l'investiture. C'est aussi dans cette ville qu'ils retourneraient, à leur mort, rejoindre l'âme et l'esprit des ancêtres, selon l'expression symbolique : **Dadá yì Aladà**, *le roi est allé à Allada* pour *le roi est mort*. L'étymologie du nom de cette ville historique serait **Alɛdatomɛ̀**, *pays de la trahison, pays des assassins*, ou **Alɛdatɔ́**.

Agbǒmɛ̀, *Abomey* : capitale historique du Bénin, située à 147 kilomètres au nord de Cotonou. La traduction littérale du nom correspond à *dans l'enceinte (fortifiée)* : **àgbǒ**, *fossé, retranchement, tour, porte d'une ville*. Encore visible de nos jours, ce fossé entourait la capitale du royaume du **Danxomɛ̀** (ou Dahomey). Les quartiers périphériques à l'extérieur du fossé sont appelés **àgbogúdo**. Le terme péjoratif **àgbogúdonù** désigne ceux qui habitent en dehors de la capitale, les "provinciaux". Au coeur de la ville d'Abomey s'étend le palais royal, **Honmɛ̀**, aujourd'hui musée historique, classé patrimoine de l'humanité par l'UNESCO.

Glexwé, *Ouidah* : ville côtière située à quarante kilomètres à l'ouest de Cotonou. Les premiers Européens, des Portugais, y débarquèrent vers 1580. Au XVIIe et au XVIIIe siècles, les Anglais, les Portugais et les Français y installèrent des comptoirs et y construisirent des forts en vue du commerce des esclaves. Le nom **Glexwé** se décompose en **glè**, *champ* et **xwé**, *maison,* et signifie donc *la maison du champ*. Ouidah était la ferme du roi de Savi, ancienne capitale du royaume Houéda. Après la chute de cette dernière en 1727, Ouidah prospéra au cours du XVIII et du XIXe siècles grâce aux échanges avec les Européens et à l'établissement des esclaves affranchis du Brésil. Cotonou supplanta Ouidah à partir de la conquête française. Depuis la célébration de "Ouidah 92", premier Festival des Cultures Vaudou, Retrouvailles Amériques-Afrique en février 1993, la ville de Ouidah est consacrée "berceau du Vodoun".

Àtínwémɛ̀, *Athiémé* : ville de la province du Mono, en pays Adja, située à environ cinquante kilomètres au nord-ouest de Ouidah, sur les rives du fleuve Mono, frontière naturelle du Togo et du Bénin. Ancienne capitale administrative coloniale avant la création du chef-lieu de Lokossa, cette ville a connu le passé florissant des ports de transit. Toute la région d'Athiémé reste couverte d'une savane arborée dont les plus fréquentes essences sont *le palmier rônier,* **àgontè**, *le baobab,* **akpasá**, **kpasá**, *le fromager,* **hùntín** (= arbre qui sert à fabriquer les pirogues) ou **àtín wèwé**, **àtín wé** (= bois blanc). La transcription étymologique du nom d'Athiémé est donc **àtínwémɛ̀**, *dans la forêt de bois* *blancs*. Cette explication est encore entièrement plausible de nos jours.

Lǒkosá, *Lokossa* : actuel chef-lieu de la province du Mono ; ville administrative située à environ soixante kilomètres au nord de Ouidah ; elle ne figure que sur les cartes récentes, parce qu'elle a été créée de toute pièce, en fonction des besoins de l'Administration pour pallier la situation excentrée d'Athiémé par rapport à la route menant en direction d'Abomey via les grandes villes du Mono-nord, telles que Dogbo, Azovê, Aplahoué. Etymologiquement, **Lǒkosá** signifie *sous le roko* (ou *iroko*) (Chlorophora Excelsa). Cet arbre sert souvent de support à des divinités, aussi est-il considéré comme un vodoun.

Kútɔ́nu, *Cotonou*, capitale économique du Bénin, siège du Gouvernement, aéroport et port internationaux, la plus grande ville du pays, construite entre l'Océan Atlantique et une grande lagune qui s'étend à l'ouest jusqu'au Nigeria en passant par Porto-Novo, la capitale historique, et à l'est jusqu'au Togo. **Kútɔ́nu** signifie *au bord des eaux de la mort* (**kú**, *la mort*, **tɔ́**, *étendue d'eau*, **nù**, au bord de), c'est-à-dire "au bord de la mer".

Les noms de personnes

Pour les noms de personnes, il y a lieu de distinguer le nom patronymique ou *nom de famille* **akɔ-nyí,** le nom individuel ou *prénom*, **nyǐkɔ̀**, *le surnom*, **nyìjíjɛ̀**, *le nom fort*, **àdan-nyí** ou **nyì-syɛ́nsyɛ́n**, nom secret connu seulement de quelques intimes ou initiés et qui s'oppose au *vrai nom* ou **nyǐ-titeungbè**, puis le *nom sacré des adeptes du vodoun*, **vodúnsi-nyi**.

Tous ces noms permettent de se faire une idée de l'univers religieux des Fon, de leurs attitudes face aux préoccupations existentielles et des réponses qu'ils tentent d'y apporter.

• **Les prénoms**

Voici une série de prénoms extraits des pages que Georges Guédou (1985, pp. 338-380) a consacrées à la question.

Noms du jour de naissance, ***àzaňgbe-nyí***
(pour le garçon et la fille)

- **Kɔjó** et **Siká**, enfants de lundi
- **Kɔmlá** et **Abláwá**, enfants de mardi
- **Kɔkú** et **Àkwáví**, enfants de mercredi
- **Kɔoví** et **Àyàbá**, enfants de jeudi
- **Kɔfí** et **Àfyáví**, enfants de vendredi
- **Kɔómlá** et **Báyí**, enfants de samedi
- **Kɔsí** et **Àsíbá**, enfants de dimanche

Noms de jumeaux, ***hòxó-nyí***

De nos jours encore, les Fon tiennent les *jumeaux,* **hǒxò,** pour des "vodoun", des divinités, ou tout au moins des envoyés des dieux. Aussi leur vouent-ils un culte particulier, dont bénéficient également leurs parents et surtout leur mère, **hòxó-nòn** ou **hòó-nòn**.

On dit que les jumeaux rejoignent dans la *forêt,* **zùn**, leurs frères les *singes cercopithèques,* **zǐn** ou **zìnyó**, pendant la nuit ou à leur disparition, qui s'exprime par des formules ou des euphémismes signifiant leur immortalité : **é yì zùn**, *il est allé dans la forêt,* ou **é yì nákí bá gbe**, *il est allé chercher du bois de chauffage.* Dans ce cas, la présence de chacun d'eux est symbolisée par une statuette en bois qu'on porte toujours avec soi et dont on prend soin comme d'un enfant vivant. Bien traités, les jumeaux procurent à leurs parents bonheur et prospérité, mais ils sont capables du pire dans le cas contraire. Le premier-né est considéré comme le plus jeune, dépêché en éclaireur par son grand frère ou sa grande soeur. L'enfant qui vient au monde aussitôt après les jumeaux doit être aussi choyé que ces derniers, car on pense qu'il ferme la série ou le *trou*, **dò.**

Les uns et les autres reçoivent les noms suivants :

- **Zìnsú** et **Sagbó**	deux garçons
- **Yàyá** et **Dɔ̀lu**	deux filles
- **Zìnsú** et **Zìnxwe**	un garçon et une fille
- **Dosú** ou **Dosí**	le garçon ou la fille, après des jumeaux

Noms d'enfants nés dans des accouchements particuliers

- **Àgɔ̀sú** et **Àgɔ̀sì**, garçon ou fille se présentant par les pieds ou le siège à la naissance (**àgɔ̀** = *à l'envers, à rebours*) (**sú**, **àsú**, *mâle* ; **sì**, **asì**, *femelle*)
- **Wɛnsú** et **Wɛnsì**, garçon ou fille se présentant à la naissance la face tournée vers le ciel (**wɛ̀n** = *à la renverse, couché sur le dos*)
- **Wùsú et Wumɛ̀**, garçon et fille qui naissent enveloppés (**wǔ** = *corps, enveloppe, muqueuse*)
- **Bòsú, Bòjrɛnú**, garçon né avec le cordon ombilical autour du cou et des mains

  Bǒsì, **Bǒjɔ̀**, fille née avec le cordon ombilical autour du cou et des mains

  bǒ = *talisman, amulette, gri-gri africain*

  jrɛ-nǔ = *réaliser-chose, réaliser un exploit*

  jɔ̀, *naître, faire naître*

  Ces enfants nés sous le signe du talisman apparaissent comme mystérieux.
- **Bokɔ́**, **Bokɔ́sà**, garçon né avec le cordon ombilical autour du cou

  Bokɔ́sì, fille née avec le cordon ombilical autour du cou

bokɔ́ ou **bokɔ́nɔ̀**, *devin* ; les enfants ainsi nommés sont considérés comme des sages, des interprètes du **fá**, dieu de la divination

- **Tɔsú** et **Tɔsì**, garçon et fille dont la mère a perdu beaucoup d'eau ou de sang à l'accouchement ; ils sont considérés comme "sauvés des eaux"

Remarque : tous ces noms décrivant les positions ou les conditions de naissance de l'enfant laissent percevoir l'importance des accoucheuses, seules habilitées à constater ce qu'elles sont censées avoir observé. Les dérapages ne manquent pas car un enfant "mal-né" n'est pas bien vu dans la société !

Noms d'enfants relatifs à l'espace, au temps ou au vécu particulier des parents

- **Alixonú**, *garçon né sur un chemin*, au cours d'un voyage (**alì**, *chemin*, **xò**, *ventre, dans, sur*, **nǔ**, *chose*, "chose du chemin")
- **Alixosì**, fille née dans les mêmes circonstances
- **Hwesú**, *garçon né en plein midi*
- **Hwezumɛ**, *fille née en plein midi* (**hwè**, *soleil*)
- **Zànnú** et **Zànsì**, *garçon et fille nés la nuit* (**zǎn**, *la nuit*)
- **Zòsú** et **Zǒsì**, *garçon et fille nés pendant la petite saison des pluies* (**zǒ**), en septembre
- **Sɛná**, *enfant inespéré*, né après des difficultés de toutes sortes ; équivalent de Dieudonné (**sɛ**, *force vitale, destin, providence* ; **ná**, *donner*)
- **Tanyɔ**, enfant né dans les mêmes conditions difficiles (**ta**, *tête* ; **nyɔ**, *bon, bonne*, "qui a de la chance" ou "qui apporte de la chance")
- **Yělynǎ**, *enfant né contre toute attente des voisins*, qui croyaient le couple (la femme) stérile (**yě**, *ils* ; **lìn**, *penser ;*

ǎ, *ne pas* ; "ils n'en croient pas leurs yeux", "ils n'en reviennent pas")

• **Autres dénominations**

En dehors des dénominations liées aux différentes circonstances de la naissance et qui constituent les vrais noms attribués au cours d'une cérémonie spéciale de baptême présidée par la grand-tante paternelle, on relève les surnoms relatifs à la vie sociale : la jeunesse, l'initiation, le mariage, la maternité, la fonction. Ce sont, soit des termes d'adresse très courants pour désigner ceux qu'il est interdit de nommer, soit des titres, des "noms forts" ou des noms de chefs, véritables énoncés sentencieux abrégés rappelant un exploit ou un trait caractéristique prodigieux, physique ou moral, des intéressés.

- **fofó, dadá**, *grand frère, grande soeur* (pour désigner toute personne jugée plus âgée que soi)
- **dagà**, *homme de grande taille et respectable*
- **davɔ̀, navɔ̀**, *homme ou femme de "teint clair"* et respectable (**vɔvɔ̀, vɔ̀**, *rouge*)
- **nyawì, nawì**, *homme ou femme de teint noir foncé* (**wiwi, wì**, *noir, foncé*)
- **hòxonɔ̀ (hòonɔ̀)**, *mère de jumeaux*
- **hòxotɔ́ (hòotɔ́)**, *père de jumeaux*
- **Àsíbánɔ̀**, *mère d'Àsíbá*
- **Kofítɔ́**, *père de Kofí*
- **Àvɔnɔ̀**, *vendeuse* (possesseur) *de tissus*
- **Nǔwàtín** (pour **Nǔwàtín Kamakò**), *la liane ne saurait se moquer des malheurs de l'arbre* (image du chêne et du roseau)
- **Kamadózò**, *on ne fait pas de feu avec une liane* (image du bois vert et du bois mort)

- **Alimanyí ɖókpó**, *il n'y a pas qu'une seule voie dans la vie.*
  = à chacun son destin
- **Jǐvɛxá**, *un couteau difficile à tordre*
  = qui s'y frotte s'y pique
- **Hwegbájà**, *le poisson a échappé à la nasse du pêcheur* (= je ne tomberai pas dans le piège tendu par mes ennemis). C'est le "nom fort" que s'est donné Aho en accédant au trône pour fonder le royaume d'Abomey, qu'il a dirigé de 1645 à 1685.

Remarque

Les titres, les "noms forts", ainsi que les noms de famille sont d'habitude déclinés lors des salutations. Ces *litanies* récitées par les grands-mères et les tantes paternelles, détentrices des traditions claniques et familiales, sont appelées **akɔ-mlamla** chez les Fon et **oriki** en pays yoruba. Elles s'apparentent aux arbres généalogiques.

LA FAMILLE

Le mot "famille" recouvre, chez les Fon, trois réalités sociologiques importantes désignées par des termes différents. L'on distingue ainsi :

- *le clan* ou *la collectivité familiale*, **akɔ̀**, regroupant plusieurs **hɛ̌nù**, qui englobent à leur tour un certain nombre de **xwe-ta**.
- *la famille étendue*, **hɛ̌nù**, comprenant les parents, les grands-parents, les cousins, les tantes, etc, vivant dans une même concession ;
- *la famille nucléaire* ou *foyer*, **xɔ-hɛ́nù**, (= case-famille) ou **xwe-ta** (= maison-tête), comportant le mari, l'épouse et les enfants vivant sous le même toit.

A la tête de l'ensemble se trouve un *chef de famille*, **hɛ̀nù-gán**, élu à vie et dont les attributions s'étendent aux domaines religieux, économique, politique et social.

C'est par rapport au *clan*, **akɔ̀**, que l'individu se situe dans la société. Aussi, les Fon posent-ils souvent à un inconnu la question **akɔ-tɛ́-nu-wɛ nu wè**, *de quelle famille, de quel clan es-tu ?*

Le nominal **akɔ̀** regroupe toutes les personnes qui se réclament du même ancêtre mâle, réel ou mythique, et observent les mêmes interdits. Mais bien que la filiation soit agnatique, ou patrilinéaire, certains usages tels que les prérogatives des *tantes paternelles*, **dǎ-nyɔ̌nu** (= père-femme), autorisent à postuler l'existence d'un matriarcat relatif dans une période antérieure.

A propos des prérogatives dont jouit toute personne d'un certain âge, il est à noter que les Fon du Bénin attachent une grande importance aux notions de hiérarchie et de famille.

Aussi, la première des valeurs de la communauté est-elle celle de la politesse ou du respect que l'éducation doit inculquer et qui se retrouve dans les termes de parenté et dans toutes les règles des diverses relations sociales.

La parenté

Georges Guédou (1985-1986, p. 429) classe dans les expressions ou formules de politesse les termes marquant "les rapports sociaux et les liens de parenté qui existent entre deux interlocuteurs" dont l'un passe pour être le supérieur de l'autre.

Nous proposons un tableau synoptique des termes analytiques de référence et des formules d'adresse correspondantes. On y relève peu de mots élémentaires, mais plusieurs unités composées et descriptives explicitant le degré des liens familiaux.

TERMES DE REFERENCE, ANALYTIQUES, DESCRIPTIFS	TERMES D'ADRESSE
Mon grand-père paternel : **tɔ́cetɔ́**, *père de mon père* Mon grand-père maternel : **nɔcetɔ́**, *père de ma mère*	**dàgbó, tɔ́gbó** : *grand-père*
Ma grand-mère paternelle : **tɔ́cenɔ̀**, *mère de mon père* Ma grand-mère maternelle : **nɔcenɔ̀**, *mère de ma mère*	**mamá** : *grand-mère*
Mon père : **tɔ́cè** - Ma mère : **nɔcè**	**dǎ** : *père* - **nǎnà** : *mère*
Mon oncle paternel plus jeune que mon père : **tɔ́cenɔví súnù kpɛví**	**ataví** : *petit père* (du Mina : **àtá**, *père*,et **ví**, *petit*)
Mon oncle paternel plus âgé que mon père : **tɔ́cenɔví súnù ɖaxó**	**atagán** : *grand père* (du Mina : **àtá**, *père*, et **gán**, *grand*)
Mon oncle maternel : **nɔcenɔví súnù**	**nyɔlɔ̀n** : *oncle maternel*
Ma tante maternelle plus jeune que ma mère : **nɔcenɔví nyɔ̌nù kpɛví**	**nafí**, **naví** : *petite mère* (du Mina : **na**, *mère*, et **ví**, *petite*)
Ma tante maternelle plus âgée que ma mère : **nɔcenɔví nyɔ̌nù ɖaxó**	**nagán** : *grande mère* (du Mina : **na**, *mère* et **gán**, *grand*)
Ma tante parternelle : **tɔ́cenɔví nyɔ̌nù**	**dǎnyɔ̌nù**, "*père-femme*", ou bien **tasí** (du Mina), idem
Mon grand frère : **nɔvíce ɖaxó súnù** Ma grande soeur : **nɔvíce ɖaxó nyɔ̌nù**	**fofó** : *grand frère* **dadá** : *grande soeur*
Mon petit frère : **nɔvíce kpɛví súnù** Ma petite soeur : **nɔvíce kpɛví nyɔ̌nù**	néant néant
Ma femme : **asicè** Mon mari : **àsúcè**	**vǐvɔ̀**, *fille au teint clair* (affectif) **àsibanɔ̀**, *mère d'Asiba* (ou autre nom) **sɛcè**, *mon ange* (affectif) **àsibátɔ́** : *père d'Asiba* (ou autre)
Mon beau-père : **asicetɔ́**, *père de ma femme* **asúcetɔ́**, *père de mon mari*	**asietɔ́** - **àsúetɔ́** (avec réduction de **ce** en **e**)

TERMES DE REFERENCE, ANALYTIQUES, DESCRIPTIFS	TERMES D'ADRESSE
Ma belle-mère : **asicenɔ̀** : *mère de ma femme* **asúcenɔ̀** : *mère de mon mari*	**asienɔ - àsúenɔ̀** (avec réduction de **ce** en **e**)
Mon beau-frère : **asice (àsúce) nɔví súnù**	**nyɔ̌wɛ̀n, nyɔ̌hɛ̀n**, *beau-frère*
Ma belle-sœur : **asice (àsúce) nɔví nyɔ̌nù**	**nyɔ̌wɛ̀n, nyɔ̌hɛ̀n**, *belle-sœur*
Mon fils : **vǐ cè súnù** Ma fille : **vǐ cè nyɔ̌nù**	nom de naissance ou autre idem
Mon petit-fils : **vǐ cè ví súnù** Ma petite-fille : **vǐ cè ví nyɔ̌nù**	**vìvú**, *petit-fils* ou *petite-fille* (**vǐ**: *enfant*, **vǔ** : *petit*)

L'examen du tableau permet d'établir une classification selon l'âge ou le statut : les grands-parents, les parents, les oncles et tantes, les frères et soeurs, les épouses, les beaux-parents, les enfants.

En règle générale, les plus jeunes doivent le respect aux plus grands, mais les *oncles* et *tantes paternels*, **atagán**, et **dǎnyɔ̌nù**, ont des prérogatives supérieures à celles des parents : sous l'autorité du *chef de famille*, **hɛ̀nu-gán**, et de ses assistants (**vìgán**, *grands enfants, chefs des enfants*), ils assurent des fonctions particulières relatives au culte des ancêtres, aux demandes en mariage, à l'imposition des noms de naissance, à l'organisation des funérailles.

Les relations avec la belle-famille doivent être empreintes d'entente cordiale, d'attention et de gentillesse, comme l'indique le terme d'adresse **nyɔ̌wɛ̀** ou **nyɔ̌hɛ̀n**, qui se traduit littéralement par *sache bien l'entretenir*.

Le mariage

Du point de vue de l'homme, le *mariage* se dit **asididà** (**asì**, *femme*, **dà**, *prendre en location*, **didà**, *le fait de prendre en* *location*). Du point de vue de la femme, on dit **àsúdidà** (**àsú**, *homme, mâle*), *le fait de prendre un mari.*

Il est à noter que cette étymologie réfute parfaitement la thèse selon laquelle le mariage serait un achat ou une vente de personne. En effet, *acheter* se dit **xɔ̀** et *vendre* **sà**.

Chez les Fon comme dans toutes les sociétés africaines, le mariage unit des familles et non deux individus ; c'est pourquoi cet acte social par excellence implique toute la communauté. Il se déroule en quatre étapes :

- D'abord, *la demande de main*, **asibyɔ̂byɔ́** (**byɔ̌** *demander*, **byɔ̀byɔ́**, *le fait de demander*). Une délégation de deux ou trois personnes, conduite par le *grand-oncle paternel*, **atagán**, du garçon, va faire officiellement la demande auprès du *chef de famille*, **hɛ̀nu-gán**, assisté de la *tante paternelle*, **dǎ-nyɔ̌nù**, de la jeune fille. Une modique somme d'argent et deux bouteilles d'alcool sont offertes pour les prières.

- Ensuite, *la petite dot*, **agban kpɛví** (**àgbàn**, *charge, fardeau, colis, cadeau*, **kpɛví**, *petit*) ou encore **gbeyíyí hàn**, *boisson d'acceptation* (**ahàn**, *boisson*), est remise à la famille de la fiancée quelques jours après la demande et composée généralement de quatre ou huit bouteilles d'alcool et de liqueur importées, de quelques *noix de cola à plusieurs cotylédons*, **vì**, de *cola monocotylédone*, **àhòwé** (Garcinia Cola), de quelques *gousses de poivre de Guinée*, **àtákún** (Amomum Maleguetta), le tout accompagné d'une petite somme d'argent. Noter que chacun des composants de ces dons garde une valeur symbolique, comme les colas qui sont le signe de l'union et les poivres qui traduisent le feu des sentiments, de même que le terme **àgbàn** qui signifie "responsabilité" et devoir du mari vis-à-vis de sa femme et de sa belle-famille.

- *La grande dot,* **àgbàn ɖaxó** (**ɖaxó**, *grand*) : elle est présentée à la belle-famille réunie autour de son chef par une forte délégation des parents du fiancé. Constituée principalement de *tissus-pagnes,* **àvɔ̀**, de *foulards,* **dŭkwì**, de *bijoux,* **ganví**, de *perles,* **jɛ̌**, d'un nombre plus important des objets cités précédemment et d'une certaine somme d'argent, la grande dot scelle définitivement l'alliance.

- Enfin, *la noce,* **asikpíkplá** (**asì**, *femme*, **kplá**, *emmener*, **kpíkplá**, *le fait d'emmener*), *action d'emmener l'épouse*. Cette dernière étape se déroule en deux temps : d'abord, dans la famille de la fiancée où, après un cérémonial assez rigoureux qui débute dès le matin et qui comporte des scènes faussement vexatoires, des recommandations, des prières, des offrandes aux ancêtres et des remerciements, les envoyés du fiancé obtiennent l'autorisation, seulement à la tombée de la nuit, d'emmener avec eux la mariée, accompagnée de chants ; ensuite chez le mari où, pour souhaiter la paix et le bonheur, on verse de l'eau fraîche sur le seuil de la porte et on invite la jeune femme à y poser le pied avant d'entrer dans le "salon d'honneur". Alors, le chef de sa nouvelle famille l'accueille, entouré de tous ses protégés. Puis, la *grand-tante paternelle,* **dănyɔ̌nù**, de son mari lui cite les principaux interdits de la maison, assortis de quelques conseils, avant de l'introduire dans la chambre conjugale pour la consommation du mariage. Cette tante et une assistante suivent d'assez près et très discrètement le grand événement de la première nuit de noce afin de pouvoir rendre compte de la virginité de la nouvelle mariée et témoigner de la virilité de l'époux, au cours d'une proclamation solennelle qui donne lieu à des rites et des festivités.

La naissance

Le pire des malheurs d'un couple fon, c'est de se retrouver "*sans enfants*", **vì ma jì** (= enfant-ne pas-engendrer). Les termes **jijì** et **àjì**, du verbe **jì**, *enfanter, engendrer, produire, émettre*, ont le sens d'*accouchement*, d'*enfantement*, mais on utilise plus couramment le composé **vìjijì**, qui comporte le nominal **vǐ**, *enfant*.

L'incapacité de procréer ou la stérilité est très mal vécue dans la société traditionnelle qui, même si elle connaît l'existence d'*hommes impuissants*, **nɛ̀kúnɔ̀** (= homme à la verge morte), en rejette la responsabilité principalement sur la femme, désignée par de nombreuses locutions péjoratives : **wɛnsinɔ̀**, *femme à la renverse, femme plate*, c'est-à-dire *au ventre vide*, **majìɖě̃nɔ̀**, *qui n'a rien engendré*, **àjìzuntɔ́**, *qui a cessé d'enfanter*. Aussi s'assure-t'on, par tous les moyens, de la fécondité d'une jeune fille avant de l'épouser et c'est pourquoi il n'est pas rare de voir des couples engloutir toute leur fortune dans la recherche d'un descendant qui tarde à venir. C'est également une des explications de la polygamie antique.

Pour conjurer ce malheur, *l'oracle*, **fá**, est consulté ; le *devin*, **bokɔ́nɔ̀**, prescrit des *décoctions*, **amasìn**, et des *oblations*, **vɔ̌**. Puis, la joie éclate dès que l'épouse *tombe enceinte* (**mɔ̀ xò**, *trouver ventre*). A partir de ce moment, cette dernière acquiert un statut particulier en devenant **xòxónɔ̀**, *femme enceinte*, pour laquelle chacun est aux petits soins. Les mauvaises langues disent que certaines en profitent pour satisfaire leurs caprices, mais il faut noter qu'elles sont généralement frappées par de nombreux *interdits* (**sù**) alimentaires et sociaux pour garantir un accouchement normal et un beau bébé.

L'enfant

Dans le chapitre des noms de personnes, la rubrique consacrée aux "noms d'enfants relatifs à l'espace, au temps ou au vécu particulier des parents" (à la page 89) souligne bien l'importance de l'enfant au Bénin, où l'on désire en avoir plusieurs pour perpétuer la famille et s'assurer un soutien matériel et surtout moral pour les vieux jours. De nombreuses expressions et dictons attestent de cette mentalité :

- **vì nyí nǔ**, *l'enfant est une chose* (précieuse),
- **vì ny'ávɔ ɖé**, *l'enfant est* (comme) *un pagne* (dont on peut se couvrir),
- **àjí nyɔ́**, *l'enfant est un bonheur*,
- **vì ɖó lè**, *l'enfant a* (procure) *des bénéfices*.

Même les enfants nés hors mariage ont leur place dans la famille, qu'ils contribuent à agrandir selon la formule consacrée **blò xwé ɖó**, *arranger, améliorer la maison*. Dès sa naissance, l'enfant doit être sérieusement protégé contre les *maladies*, **àzɔ̀n**, et surtout contre les *sorciers*, **àzètɔ́**, censés s'incarner dans les *hiboux*, **àzěxɛ̀** (= sorcellerie-oiseau), ou dans les *chats noirs*, **àwî wíwí**. Le *cordon ombilical*, **hɔ̌nkàn** (= nombril-corde), est soigneusement enterré soit dans la douche extérieure, lieu de fraîcheur, soit sous un *palmier*, **dètín**, arbre de vie dont les *noix*, **dèkwín**, sont utilisées dans la *divination*, **fá**.

Le nouveau-né et sa mère sont tenus de rester cachés dans la *case*, **xɔmɛ̀**, jusqu'à la "*cérémonie de sortie de l'enfant*" dite **vìɖétɔ́n** et qui a lieu le septième jour après l'accouchement pour une fille et le neuvième pour un garçon. A cette occasion, considérée comme un rite de présentation ou d'intégration sociale présidée par la *grand-tante paternelle*, **da-nyɔ̌ɔ̌nù**, **tásí**, **tányínɔ̀**, les parents et proches proposent et prononcent officiellement les différents *prénoms*, **nyǐ**, **nyǐkɔ**, de l'enfant, qui est dès lors pris en charge par toute la collectivité pour franchir les quatre étapes de la vie que sont l'enfance, l'adolescence, la jeunesse, l'âge adulte et la vieillesse.

LES ETAPES DE LA VIE

L'enfance

Le terme **vǐ** a le sens général de *descendant* ou *descendante*. Mais d'autres mots sont utilisés pour désigner l'enfant et l'enfance, se situant dans la période allant de la naissance à la puberté, c'est-à-dire jusqu'à 12-15 ans :

- **yɛ̀yɛ̌,** *bébé*
- **yɔ̌kpɔ́vú** ou **yɔ̌kpɔ́ví**, *enfant garçon ou fille*
- **yɔ̌kpɔ́vú-mɛ̀,** *enfance* (l'état d'enfant, le fait d'être enfant)
- **yɔ̌kpɔ́,** *jeune fille, petite fille*
- **nyaví**, *garçon* (homme-enfant, homme-petit)

Dans la société fon, fortement hiérarchisée, la place ou le rang de l'enfant se définit essentiellement par rapport à ses aînés ou aux personnes plus âgées que lui et auxquels il doit un grand respect en toute circonstance. Face à eux ou en leur présence, il ne peut ni lever les yeux ni prendre la parole, ni bouger sans autorisation expresse. Cette distance nettement marquée s'exprime dans plusieurs dictons ou proverbes comme celui-ci :

- **E ɖò ábɔ́bɔ́ gbɛ́ dó xá yɔ̌kpɔ́vú lɛ́ wɛ́ ɔ́.**

  Gbɔ̀míkwín wɛ̀ yè nɔ́ wa cyán dó kámɛ́ nú mɛ̀.

  Si vous prenez l'habitude de manger des haricots avec les gamins, ils en arrivent à mettre des crottes de mouton dans votre calebasse (assiette).

La leçon morale est claire : il ne faut s'associer qu'avec ses pairs et, surtout, il faut savoir garder son rang. Les termes utilisés sont très expressifs :

- **dǒgbɛ̌** *former un groupe* (= semer association, groupe)
- **dǒgbɛ̌ xá mɛ**, *former* (*une*) *association avec quelqu'un*
- **abɔ́bɔ́**, *cassoulet de haricot*
- **dǒ abɔ́bɔ́ gbɛ́ xá yɔ́kpɔ́vú**, *former* (*une*) *association de cassoulet de haricot avec* (*un*) *enfant*
- **gbɔ̌**, *mouton, caprin*
- **mǐ**, *excréments*
- **kwín**, *grains, graines, pépins, noyaux*
- **gbɔ̌mikwín**, *chapelet de crottes de mouton*

Voici encore un aphorisme non moins éloquent :

- **yɔ́kpɔ́vú é nyɔ́ álɔ́ klɔ́ ɔ́ wɛ nɔ ɖùnǔ xá mɛxó.**

  Seul l'enfant qui sait se laver les mains mange avec les adultes. Celui qui sait bien se comporter est estimé et accepté partout. L'expression **klɔ́ alɔ̀**, *se laver les mains*, revêt une forte signification symbolique universelle pour représenter la pureté morale et l'innocence ou pour dégager sa responsabilité. Le composé **ɖùnǔ**, *manger-chose*, se traduit par *manger* lorsque le complément d'objet n'est pas précisé. Quant au mot **mɛxó**, il sera expliqué plus loin.

L'adolescence et la jeunesse

L'adolescence et la jeunesse se situent, chez les Fon, approximativement entre 12 et 15 ans d'une part et 21-25 ans d'autre part. Pour exprimer ces différentes étapes, l'on utilise le verbe **wìnyá**, *grandir, croître, évoluer, se développer*. Sur ce terme, se forme le nominal **wìnyawínyá** (ou **wìnyawínyámɛ̀**), *adolescence* (ou *adolescence-dans*). Mais d'autres formules permettent de spécifier, par sexe, cet âge délicat. Ce sont :

- **dɔ̌nkpɛ̀**, **dɔ̀nkpɛvú**, **dɔ̀nkpɛví**, *jeune homme*
- **dɔ̀nkpɛvúmɛ̀**, *jeunesse* (= jeunesse-dans)
- **ɖyɔ̀vǐ**, *jeune fille, demoiselle*
- **ɖyɔ̀vǐmɛ̀**, *jeunesse* (= jeune fille-dans)
- **àhwlì**, *jeune fille, demoiselle* (ce mot est plus fréquent chez les Goun de la région de Porto-Novo).

Remarques

1. Le mot **dɔ̌nkpɛ̀** désigne la *classe des jeunes gens* organisés au niveau du village pour assurer certaines responsabilités et surtout accomplir des tâches spécifiques : ils constituent le groupe des fossoyeurs et des vigiles, réalisent les travaux collectifs des champs et de construction des cases, sous la direction d'un *chef*, **dɔ̌nkpɛ́-gán**.

2. Le nom **Àhwlì-Kpɔnúwà** est celui d'une princesse légendaire de la cour royale d'Abomey, célèbre pour ses frasques, sa sagacité et son humour satirique. Plusieurs dictons et proverbes lui sont attribués, dont voici deux exemples :

- **Àhwlì-Kpɔnúwa sɔ́ gogó tlɛnɔ̀ ɖò aximɛ̀ bó dó kú.**
  É ɖɔ̀ : hwi wɛ nyí kú nɔ̀.
- *Àhwlì-Kpɔnúwà, en plein marché, heurte de ses fesses un célibataire et lui dit merci.*
  A toi plutôt les remerciements, réplique l'autre.
- **Nyaɖé ny'àwɔ̌n ɖò Àhwlikpɔ́núwa nukɔ̀n bó kpɔ́n gǔdò.**
  É ɖɔ̀ : nǔ à nà wa jɛ núkɔ́n ɔ́, é wá gbɔ̀n gǔdò wɛ a ɖé nɛ́.
- *Un individu pète devant Àhwlikpɔ́núwa et regarde en arrière.*

Tu fais à la fin ce que tu devais faire au début, lui souligne la princesse.

L'âge adulte

L'âge adulte, **mɛxó nyínyí** (= le fait de devenir adulte) se situe entre trente et cinquante ans. On appartient alors à la classe des *grands,* **mɛxó**, mot composé de **mɛ̀**, *personne humaine*, et de **xó** mis pour **xóxó**, *âgé, aîné, plus âgé*. Ainsi, l'expression **mɛxó ce wɛ̀ à nyǐ** signifie *tu es mon aîné* ou encore **mɛxóxó nɔ wà mɔ̌ ǎ**, *un adulte n'agit pas de la sorte* (il se respecte).

Mais le signifiant **xóxó** s'utilise plus généralement pour les objets avec le sens de *ancien, usagé, vieux* : **àvɔ̀ xóxó**, *un vieux pagne* s'oppose à **àvɔ̀ yɔ̀yɔ́**, *un tissu neuf.*

Une autre expression sert à classer les personnes d'âge mûr : **mɛɖaxó**, *personne grande, importante, grand personnage.* Elle s'emploie uniquement pour les hommes, non les femmes, et quelquefois ironiquement dans le sens de "*mon grand monsieur*" "*mon bon monsieur*".

Celui qui *parvient à l'âge adulte,* **dǒ mɛxó**, acquiert tous les droits : prendre la parole en public, se marier, fonder un foyer et vivre à l'écart.

Le mot **mɛxó** s'emploie aussi pour désigner une *personne d'âge avancé,* mais surtout pleine de qualités et d'expériences, comme les vieillards, les Anciens.

La vieillesse

La *vieillesse physique*, perceptible à partir de cinquante ans, se dit **kpíkpómɛ̀** ou **kpúkpómɛ̀**.

- **kpò**, *vieillir, cesser de croître*
- **kpíkpò**, **kpúkpò**, *vieillesse, le fait de vieillir*
- **kpíkpómɛ̀**, **kpúkpómɛ̀**, *dans la vieillesse*

De nombreux termes servent à désigner les personnes de cette classe d'âge :

- **nyɔ̀xó**, **nyɔ̀xónɔ̀**, *vieillard, vieille femme*
- **nyɔ̀ɖáxó**, **nyɔ̀ɖáxónɔ̀**, *vieillard*
- **nyɔ̀ɖáxóví**, *vieille femme*

Cette première série de noms composés a une étymologie assez intéressante :

- le verbal **nyɔ** signifie *connaître, savoir*
- **ɖaxó** signifie *grand, grande*
- **nɔ̀** est une particule indiquant le possessif
- **xó** ou **xóxó** (dans **nyɔ̀xó**) signifie *ancien*

Ainsi, ces différentes expressions peuvent se traduire par *personne ayant une grande connaissance, une grande expérience, une grande sagesse*.

On dit aussi :

- **mɛ̀ kpíkpò**, *vieillard, vieille* (= personne vieille)
- **degénɔ̀**, *vieillard*
- **degénɔví**, *vieille*

Quant au verbe vieillir, il se rend par plusieurs formules :

- **dò xó**, *vieillir* (en parlant des objets, *semer vieillesse*)

- **kpò nyɔ̀xó, kpò nyɔ̀ɖáxó**, *vieillir*
(pour les humains, = *parvenir -arrêter- sagesse*)
- **jɛ̀ dégé, jɛ̀ degénɔ̀**, *vieillir*
= tomber vieillesse, tomber malade -de- vieillesse

Le statut des *personnes âgées* est des plus valorisants en milieu fon et l'étymologie même du terme **nyɔ̀ɖáxónɔ̀** explique toute l'importance de leur rôle social au Bénin, où les vieillards sont considérés comme détenteurs du Savoir, de la Sagesse et donc de la Parole. De leur vivant, ils ont droit à tous les honneurs et à une grande vénération à leur mort, à commencer par un enterrement pompeux.

LA MALADIE, LES SOINS

Pour les Fon, tout malheur a une explication mystérieuse, principalement la *maladie*, **àzɔ̀n**, et la *mort*, **òkú**, **kú**. Aussi, lorsqu'un membre de la famille tombe malade, la première démarche consiste à consulter le **Fá**, *le génie de la divination*, pour déterminer la cause de cette situation : un empoisonnement, un envoûtement par un *sorcier*, **àzètɔ́**, ou encore une punition des dieux ou des ancêtres. Il faut ensuite conjurer le sort et, après, prodiguer les *soins*, **àzɔ̀ngbigbɔ̀**, qui arrivent parfois trop tard.

Les expressions les plus courantes dans ces circonstances sont les suivantes :

- **bokɔ́nɔ̀**, *devin*
- **dotóò**, *médecin* (emprunt du français, docteur)
- **yi kàn fá**, *va consulter le "fa"*
- **yi mɔ̀ dotóò**, *va voir le médecin*
- **yi dotóo xwé**, *va au dispensaire, à l'hôpital*
dotóo xwé = la maison du docteur
- **yi bokɔ́nɔ́ xwé**, *va chez le devin*

- **yi kan kpɔ́n ɖò bokɔ́nɔ́ xwé,**
va consulter (voir-chez) *le devin*
- **yi sá vɔ̌**, *va offrir un sacrifice* (souvent un poulet)
- **amasìn**, *médicament* (**amà**, *feuille*, **sìn**, *eau*) (= eau de feuille). Généralement, les remèdes de la pharmacopée sont des décoctions ou des poudres de feuilles, de *racines*, **àtín ɖɔ̀**, ou encore d'animaux.
- **àtínkɛn**, *médicament, comprimé* (d'importation)
- **nú amasìn**, *boire* (*prendre*) *un médicament*
- **mì àtínkɛn**, *avaler un comprimé*
- **jɛ̀ àzɔ̀n, bɛ̌ àzɔ̀n,** *tomber malade*
(**jɛ̀**, *tomber*, **bɛ̌**, *ramasser*)
- **àzɔ̀n syɛ́n**, *la maladie est grave*
- **àzɔ̀n húzú**, *la maladie a changé* (pas d'espoir de guérison)
- **ɖà amasìn**, *préparer* (faire cuire) *un médicament*
- **ɖà àzɔ̀n**, *provoquer la maladie*
(en préparant des sortilèges)
- **àzɔ̀nɖatɔ́**, (= qui provoque la maladie) *sorcier*
- **ɖǒ àzɔ̀n nú mɛ**, *provoquer la maladie chez quelqu'un*
- **gblě àzɔ̀n, gbɔ̀ àzɔ̀n**, *guérir, arrêter la maladie*
- **gblě àzɔ̀n nú mɛ, gbɔ̀ àzɔ̀n nú mɛ́**,
guérir, soigner quelqu'un
- **àzɔ̀ngblétɔ́, àzɔ̀ngbɔ́tɔ́**, *guérisseur, médecin*
- **àzɔ̀n gbɔ̀**, *la maladie est terminée*
- **àzɔ̀n gbɔ̀ nû bǐ**, *il est complètement guéri*
(= la-maladie-est-terminée-pour-lui-complètement)
- **àzɔ̀ntɔ̀n gbɔ̀ bì sésé,**
sa maladie est -tout à fait- complètement terminée
- **àzɔ̀ngbigbɔ̀**, *guérison, le fait de guérir*
- **àzinzɔnɔ̀**, *un malade*
- **nɛ̌ wɛ̀ àzinzɔ́nɔ́ ɔ́ ká ɖè**, *comment va donc le malade ?*

- **é ɖò kɛ́ɖɛ́**, *ça va un peu, son état est stationnaire.*

Voici à présent une petite liste de maladies, dont les trois premières sont les plus redoutables :

- **sakpatá**, *la variole* : considérée comme une divinité, elle est désignée par des euphémismes et des périphrases : **mɛ̀**, *personne*, **àxɔ́sú**, *roi*, **àixɔ́sú**, *roi de la terre*, **doxɔ́sú**, *chef des profondeurs*, **dɔkúnnɔ̀**, *riche*.
- **gudù**, *la lèpre*, surnommée **àzɔ̀nvɔ**, *maladie rouge* (à cause des plaies sanguinolentes)
- **kpɛ́nwé**, *la tuberculose* (= toux blanche)
- **xomɛsísrá**, *la diarrhée*
- **hwezívɔ́**, **hwezívɔ́'zɔ̀n**, *le paludisme* (= maladie du soleil)
- **aklì**, *la gale*
- **àɖɔ̀víví**, *le diabète* (= urine sucrée)

Note sur la Pharmacopée

Comme dans toute l'Afrique de l'Ouest, la pharmacopée est assez développée au Bénin où les guérisseurs, à la fois craints et respectés, ont une place importante dans la société. Si l'arrivée de la médecine moderne a terni quelque peu leur renommée, les "tradipraticiens" sont, de nos jours, reconnus officiellement par l'Etat et encouragés de diverses manières à se regrouper en associations, à collaborer avec les médecins, à normaliser leurs remèdes et à diffuser leur savoir, toujours entouré de mystère. Mais il n'est pas facile de changer les mentalités dans une culture où toute connaissance est un secret et où la guérison appartient plus aux puissances sacrées qu'aux vertus des médicaments.

La pratique actuelle en milieu fon est de recourir d'abord aux soins locaux, plus abordables, et de courir ensuite au dispensaire ou à l'hôpital, en désespoir de cause. Une expression traduit cette conjugaison des deux médecines : **mì bló Mɛwitɔ̀n**

bó lɛ bló Yovótɔ̀n, *nous avons fait selon les Noirs et aussi selon les Blancs* (**Mɛwi-tɔ̀n**, *celui des Noirs*, **Yovó-tɔ̀n**, *celui des Blancs*).

Dans les villages et les quartiers de ville, sur les marchés et dans les rues, on peut voir les vendeuses et vendeurs de feuilles, de racines, de petits animaux et oiseaux séchés, et autres crânes ou ossements, propres à la confection des remèdes ou des talismans. Mais les grands praticiens reçoivent dans leurs maisons, dont les salles de consultation et d'hospitalisation ne désemplissent pas car, contrairement aux médecins modernes, ils posent le diagnostic et administrent généralement le traitement avec des médicaments de leur propre préparation, cumulant ainsi les fonctions de *guérisseur*, **àzɔ̀ngbɔtɔ̀**, et de *pharmacien*, **amasinɖátɔ́** (= celui qui "prépare" les médicaments). Très souvent, les honoraires ne sont acquis qu'après guérison.

L'art et la technique de ces derniers reposent sur la connaissance des feuilles, dont il n'existe que des "écoles" secrètes pour initiés. En voici cependant une petite liste :

- **kinkélíba**, plante commune utilisée, en décoction, contre le paludisme.
- **koklósú dɛ̀n kpájɛ́**, petite plante dont la fleur ressemble à la crête d'un *coq*, **koklósú** ; les feuilles vertes écrasées s'utilisent sous forme de boulettes comme des ovules gynécologiques ; soigne aussi la rougeole.
- **kpéjlèkún**, *clou de girofle* ; en décoction, guérit le diabète.
- **lĩmù**, *beurre de karité* ; efficace contre les gerçures ; s'utilise également comme cosmétique.
- **glàséma**, *pourpier* ; entre dans la composition d'un remède contre l'ictère ou la jaunisse.
- **àgɔnkɛ́ɖɔ̀**, *racine de cocotier ;* en association avec d'autres plantes, guérit l'ictère.
- **kpɛ̀n**, *papaye* ; c'est un bon laxatif, à prendre le soir.

- **kpátíndɛhún**, arbuste dont on se sert pour dresser une palissade ou une clôture ; les feuilles triturées donnent un jus gluant utilisé comme collyre.
- **amivɔ, amivɔvɔ**, (= huile rouge), *huile de palme* ; entre dans la composition de nombreux remèdes ; soigne l'intoxication alimentaire ; chauffée et salée, elle réduit les durillons, en applications répétées.
- **àgɔnfló**, *peau d'ananas* ; en décoction avec des tranches de citron, soigne le paludisme.
- **kɛnkún, kɛnkúntín**, *goyage, goyavier* ; les fruits, comme les feuilles, arrêtent la diarrhée.

LA MORT, LES FUNERAILLES

Dans la culture fon, la *mort*, **kú, òkú**, permet de passer de la terre (qui n'est qu'un *marché*, **axì**, ou un *champ*, **gleta**) à *l'au-delà* considéré comme la *grande maison*, **xwégbó**. Cependant, seul le décès du vieillard qui s'endort au soir de sa vie au milieu des siens, paraît normale. Mais, quel que soit le cas, l'événement est vécu comme une véritable catastrophe familiale, surtout quand il s'agit d'un adulte. En effet, il entraîne de multiples *cérémonies*, **nù-wíwà** (*chose à faire*), et occasionne de nombreuses *dépenses*, **àkwɛ́-zínzán** (*argent dépensé*), nécessitant la mobilisation et la contribution de tous les membres de la collectivité.

La croyance en l'au-delà, selon laquelle "les morts ne sont pas morts", a donné naissance au culte des Ancêtres, qui consiste à faire aux défunts des offrandes périodiques pour leur être agréable et obtenir leur protection. En outre, plusieurs pratiques quotidiennes témoignent de la conscience de leur présence permanente : laisser tous les soirs un peu de sauce et de pâte de maïs au fond des marmites ; verser par terre une goutte d'eau ou d'alcool avant de boire ; crier **àgoo**, *pardon*, avant de jeter de l'eau dehors la nuit ; consulter le **fá** avant la prise d'une décision importante.

Parmi l'abondant vocabulaire de la mort, on retiendra les termes les plus simples et les plus courants :

- **kú**, **òkú**, *la mort*
- **kú**, *mourir*
- **kúxwé**, *cimetière* (= maison des morts)
- **mɛkúkú**, *un mort* (= personne morte)

Le verbo-nominal **kú** entre dans la composition de plusieurs expressions :

- **kú ɖɛ̌**, *être muet* (= mourir-langue)
- **kú gàn**, *ne pas savoir danser* (= mourir-mesure, rythme)
- **kú hŭn**, *être patient* (= mourir battements-coeur)
- **kú wŭ**, *être triste* (= mourir-corps)

De nombreux euphémismes sont utilisés régulièrement à la place du verbe **kú**, *mourir* :

- **e nyí matíntɔ́**, *il n'est plus*
  (**ma**, négation, **tîn**, *exister*, **tɔ́**, particule indiquant l'agent)
- **e han**, *il manque, il fait défaut*
- **e bɔ nu**, *il a fermé la bouche*
- **e yì xwé**, *il est allé à la maison* (pour les vieillards)

Voici encore quelques expressions usuelles :

- **cíɔ̀**, *un mort, un défunt, un cadavre humain*
- **cíɔ́ gbá**, cercueil (= malle de défunt)
- **cíɔ vɔ̀**, *linceul* (= tissu-pagne du mort ; **avɔ̀**, *pagne*, **avɔ̀gán**, *grand tissu, pagne spécial*)
- **nɔcíɔvi**, *orphelin de mère* (**nɔ̀**, *mère*, **vǐ**, *enfant*)
- **tɔ́cíɔvi**, *orphelin de père*
- **cíɔ́nu**, *cérémonies funèbres* (= choses de la mort)
- **cíɔ́núwíwa**, *célébration des funérailles*
- **wà cíɔ́nu**, *faire des cérémonies funèbres*
- **yɔ̀**, **yɔdò**, *tombe, tombeau*,(**dò**, *trou*)

Les étapes des funérailles

Les funérailles d'un adulte peuvent durer deux semaines. Elles rassemblent tous les membres de la collectivité et comportent plusieurs étapes :

- *L'annonce du décès* à grands bruits, voire à coups de fusil ou de canon, **dà tú, dà àgbǎ**, *tirer fusil, tirer canon,* pour inviter les proches parents à se mettre en deuil et à se préparer pour les cérémonies.

- *L'enterrement provisoire,* **sɛ mɛ do akpagbé**, **sɛ cíɔ d'akpagbé**, *envoyer, mettre le mort à côté,* pour laisser à tous les membres de la famille le temps de se réunir et de s'apprêter à faire face aux énormes dépenses des funérailles.

- *La veillée funèbre,* **jɔnú dídɔ́**, *dormir* (**dɔ̌**) *à l'air libre.* Toute la nuit, des orchestres traditionnels payés par la famille pour distraire les parents en deuil et leurs invités jouent divers instruments et exécutent des *chansons*, **hàn**, évoquant la vie du défunt et la cruauté de la mort. Ces musiciens professionnels utilisent principalement *la flûte* en bois ou en bambou, **kpetè**, *le gong* à double niveau, **gankókó**, *les castagnettes*, **asɔgo**, différentes sortes de tambours ou *tam-tams*, **hǔn**, le "*tam-tam de l'eau*", **sinhún** (on frappe sur une calebasse retournée dans un seau d'eau), *la grosse jarre*, **kpezɛ̌n** ou **zɛ̌nlì** (on frappe l'orifice de la jarre avec un éventail en peau).

- *L'enterrement définitif,* **cíɔɖiɖi** (**ɖì**, *enterrer*), a lieu entre quinze jours et trois mois après le décès, suivant les possibilités financières de la famille.

Deux rites importants interviennent au quarante-et-unième jour après l'inhumation :

- *l'enlèvement de deuil*, **lǔtu ɖidè** (**lǔtù**, *deuil*, du portugais "luto" ; **ɖè**, *enlever ;* **ɖidè**, *action d'enlever*) ;
- *la consécration de l'autel du défunt* élevé au rang d'ancêtre *:* il s'agit d'un objet en fer forgé ressemblant vaguement à un petit parapluie ouvert et planté en terre, **àsɛn**, sur lequel on dépose des offrandes de nourriture et de boisson.

La religion, les croyances

Le terme "religion" au sens de croyances et de pratiques pieuses correspond aux expressions fon **nùsinsɛ̀n**, **sinsɛ̀n** (**nǔ**, *chose*, **sɛ̀n**, *adorer*, **sinsɛ̀n**, *adoration*), **nùɖiɖì** (**ɖì**, *croire*, **ɖìɖì**, *croyance*).

Les Fon croient en l'existence :

- d'un *être suprême* : **Mǎwǔ**,
- de ses intermédiaires **vodún**,
- d'un *au-delà* : **lɔ̌n**, **lɔ̌ntomɛ̀**, **sɛ́xwé**, *maison* (**xwé**) *de l'esprit, de l'âme* (**sɛ̌**), entièrement intégré au monde des vivants. Ils croient également aux puissances du mal et surtout aux *sortilèges*, **bǒ**, et à la *sorcellerie*, **àzě**.

Etymologie du mot "Vodún"

Le mot **Vodún**, qui désigne une "réalité sacrée et mystérieuse dont il existe une infinité" peut se décomposer comme suit :

- **vò**, *à l'écart, à part,*
- **dúún** (idéophone), **dǒn**, *là-bas, au loin, très loin.*

On obtient **vodúún**, **vodún**, *ce qui est à l'écart, très loin de nous et qui nous échappe* ; autrement dit "toute manifestation d'une force, toute monstruosité, tout phénomène qui dépasse l'imagination ou l'intelligence est **vodún** et réclame un culte. Mais c'est *l'esprit*, **yɛ̀**, que l'on vénère et non pas l'enveloppe, arbre, animal, tumulus, qui le cache à nos yeux" (Ségurola, p. 552).

Le panthéon

Le panthéon fon, très vaste et très ouvert, comprend plusieurs collèges de divinités :

- **jǐ vodún**, *déités d'en haut* tels que **Mǎwǔ** et **Lisà**, le couple créateur, ou **xɛbiosò**, *le dieu de la foudre*.
- **àyǐ vodún**, *déités de la terre*, tels que **Sakpatá**, le *dieu de la redoutable variole* et **Dàn**, *le génie de la vie et de la prospérité*.
- **akɔ vodún**, **hɛ̀nuvodún**, *déités du clan, de la famille*, tels que **Àgasú**, l'ancêtre mythique des dynasties d'Allada, d'Abomey et de Porto-Novo, puis **Tɔxɔ́sú**, *le roi des eaux* et monstre de la famille royale d'Abomey.
- **tovodún**, *déités du village ou du pays* tels que **Lɛ̌gbà**, le *dieu lare*, protecteur des habitats et **gǔ**, **ògǔ**, *dieu des forgerons*.
- **zunmɛ vodún**, *déités de la forêt*, dont le **Fá**, *dieu de la divination*.

Le milieu vodoun

A toutes ces divinités, auxquelles s'ajoute le dieu des religions importées, les Fon rendent un culte régulier, sans oublier les nombreuses *cérémonies*, **nùwíwà**, en hommage aux morts ou aux Ancêtres. Le *devin*, **bokɔ́nɔ̀**, indique la date de toutes les manifestations.

Les rites familiaux sont accomplis par le *chef de famille*, **hɛ̀nú-gán**, ou la *grand-tante paternelle*, **dǎnyɔ̌nù**, **tasí**, **tányínɔ̀**. Mais chaque collège vodún a sa hiérarchie, ses prêtres, ses adeptes ou initiés, ses couvents, ses temples, ses offices ou ses spectacles et même, depuis 1996, le 10 janvier est déclaré fête nationale du vodún, férié et chômé pour tous.

Dans ce cadre religieux, certains termes courants sont à retenir :

- **xunɔ̀**, **dàgbó-xunɔ̀**, *grand-prêtre de la mer*, **xù** ; il réside à *Ouidah*, **Glexwé**, à quelques kilomètres de l'Océan Atlantique ; on lui reconnaît une prééminence sur tous les autres ; à ce titre, il est invité aux festivités officielles par le Gouvernement.
- **vodúnɔ̀**, *chef d'une divinité*
  (**-nɔ̀** = possesseur, propriétaire)
- **hùn-nɔ̀**, *chef d'une divinité*
  (**hùn** a le même sens que **vodún**)
- **hùngbónɔ̀**, *grand chef d'une divinité* (**gbó**, *grand*)
- **vodúnsì**, *initié, personne vouée à une divinité*,
- **hùnsì**, même sens (**asì**, **-sì**, *époux*, *épouse* d'une divinité, sans aucune connotation sexuelle)
- **hùndévá**, même sens (**dévá**, **déví**, *serviteur*)
- **hùnɖotè**, *postulant à l'initiation*
  (**ɖǒtè**, *arrêter, retenir, désigner*)
- **hùnsɔ́**, *jeune initié, néophyte* (**sɔ́**, *prendre possession de*)
- **hùnsì kpɔkpɔ̀**, même sens (**kpɔkpɔ̀**, *frais*, *fraîchement*)
- **àhè**, *non-initié*, admis seulement dans l'entrée ou *l'antichambre*, **àgbasá**, des couvents
- **hùnkpámɛ̀**, **vodún kpámɛ̀**, *couvent* (**kpámɛ̀**, *enclos*)
- **hùnxwé**, **vodúnxwé**, *couvent* (**xwé**, *maison*)
- **vodúnxɔ̀**, **hùnxɔ̀**, *temple* (**xɔ̀**, *case, abri*)

- **dangbéxwɛ̀**, (grand) *temple de pythons* (**dangbé**) situé en face de la basilique de Ouidah ; curiosité touristique appréciée des visiteurs, dont les plus courageux acceptent de porter un instant à leur cou l'une de ces divinités inoffensives. Le culte du *serpent*, **dàn**, venu de la région de Savalou, au nord d'Abomey, est assez répandu en milieu fon, car ce dieu est censé "semer" la richesse : **dàn nɔ dó nǔ nú mɛ̀**, *serpent-habitude-semer-choses-pour-gens*.

Les actes du culte vodoun

Les célébrations **vodún** sont d'ordre privé et public. Elles se déroulent dans les couvents, dans les familles ou sur les places, et comportent des *prières*, **ɖɛxixò**, des *louanges*, **mlàmlá**, des *offrandes rituelles*, **vɔ̀sísá**, puis des *réjouissances*, **àwàjijɛ̀**, avec des *chants*, **hàn**, et des *danses*, **wè**.

- **xwetanú**, cérémonies publiques de fin d'*année*, **xwè**, organisées en mai-juin en l'honneur des dieux et des ancêtres ; *fête des coutumes* de sept jours pendant lesquels les *adeptes*, **vodúnsì**, de chaque collège religieux s'exhibent de quartier en quartier.
- **xoɖɛ̀**, *faire les prières* (**xò**, *battre des mains*, **ɖɛ̀**, *parole sacrée*)
- **ɖèkɔ́**, *se prosterner* le front contre terre en se jetant du sable sur le dos (**ɖè**, *prendre, ramasser*, **kɔ́**, *sable*, *terre*)
- **xomlá**, *louer, glorifier* (en battant des mains)
- **mlǎ mɛ**, *louer, féliciter quelqu'un* en citant ses titres de gloire
- **àvalú** , **j'ǎvalú**, *rendre hommage, présenter ses respects* à un supérieur ou à un groupe avant de commencer une action importante

- **j'ǎvalú Lɛ̌gbà**, **j'ǎvalú nú Lɛ̌gbà**, *rendre hommage au dieu **Lɛ̌gbà**, divinité de l'ordre et du désordre*, messager des autres dieux ; on achète sa bienveillance au début de toute cérémonie en lui faisant des offrandes d'*eau*, **sìn**, d'*alcool*, **àhàn**, et d'une nourriture spécifique, **jǎ**, *mélange d'huile rouge et de son de farine de maïs*
- **sávɔ̌**, *offrir un sacrifice*
- **vɔ̌**, *offrande* ordonnée par le **Fá** (poulet, tissu, etc)
- **vɔ̀sísá**, *action d'offrir un sacrifice*
- **vɔ̀sánú**, *objet à sacrifier, la victime*
- **vɔ̀sátɔ́**, *le sacrificateur*

Les réjouissances vodoun

Une fois les rites accomplis, initiés et non-initiés se livrent aux *réjouissances*, **àwàjijɛ̀**, dont les plus importantes se déroulent sur la place publique et consistent en des danses spécifiques, exécutées principalement par les **vodúnsì** dans leurs plus beaux atours, sous les *acclamations*, **àwòbóbó**, des spectateurs émerveillés.

On notera quelques expressions intéressantes :

- **àgùn**, *cercle de danse*
  àgun-mɛ̀, *dans le cercle de danse*
  àgun-tó, *au bord, en dehors du cercle de danse*
- **owè**, **wè**, *danse*
- **ɖǔwè**, *danser*
- **weɖúɖú**, *action de danser*
- **weɖútɔ́**, *danseur, danseuse*
- **wefɔ̀**, *pas de danse* (**afɔ̀**, **fɔ**, *pied*)
- **ɖè wefɔ̀**, *faire des pas de danse* (**ɖè**, *tirer, sortir*)
- **wefɔɖíɖè**, *action d'esquisser des pas de danse*

- **sɔ́ wè**, *prendre la danse, se mettre à danser en esquissant des pas lents*
- **wesísɔ́, wesúsɔ́**, *action de commencer la danse*
- **gbò wè**, *attaquer (couper) sérieusement la danse*, avec des mouvements de plus en plus rapides
- **we gbígbò (gbúgbò)**, *action d'attaquer vivement la danse*
- **jǒwe nú mɛ̀**, *rendre la danse à quelqu'un d'autre*, l'inviter à vous remplacer dans le cercle de danse
- **we jíjó**, *action de rendre la danse*, de sortir du cercle
- **yǐ we nú mɛ̀**, *recevoir la danse de quelqu'un, accepter la danse*
- **we yíyí**, *action d'accepter de rentrer dans la danse*
- **ohàn, hàn**, *chant, chanson*
- **jì hàn**, *chanter* (**jì**, *enfanter, produire*)
- **hanjijì**, *action de chanter*
- **hanjítɔ́**, *chanteur, chanteuse*
- **kpà hàn**, *composer des chansons*
- **hankpatɔ́**, *compositeur* (**kpà**, *peler, tailler, ciseler*)
- **hankpámɛ̀** (= enclos pour la classe de chants) *école de chant*
- **hansinɔ̀**, *maître de chant* (= qui donne le ton, conduit le chant et exécute les couplets ; animateur, chef d'orchestre ; il porte une tenue spéciale et tient une *queue de cheval*, **sɔ́sí**, qu'il fait tourner au rythme du *tam-tam*, **hŭn**)
- **dŏ hàn**, *entonner un chant* (**dŏ**, *semer*)
- **yǐ hàn**, *prendre le chant, reprendre le chant, en choeur*
- **kpɔ́n nŭ**, *regarder un spectacle* (**nŭ**, *chose, événement*)
- **nùkpínkpɔ́n**, *spectacle* (= chose à regarder)
- **nùkpɔ́ntɔ́**, *spectateur*
- **òhŭn, hŭn**, *tambour, tam-tam* (**hŭn**, *coeur, battements du coeur, homonyme parfait du premier*)

- **hùngán**, *gros tam-tam* (= tam-tam mâle)
- **hŭn-nɔ̀**, *tam-tam moyen* (= tam-tam femelle)
- **hŭn-ví**, *petit tam-tam*
  (les trois catégories de tambours entrent dans la composition d'un orchestre)
- **xò hŭn**, *battre du tam-tam, jouer du tam-tam*
- **hùnxótɔ́**, *joueur de tam-tam*
- **àgidà**, **àglɔkpò**, *baguette recourbée en forme de maillet utilisée pour battre le tambour*
- **gàn** (fer), *instrument de musique : gong simple, cadence, mesure, tout objet métallique servant à donner le rythme*
- **gànkpànvĭ**, *gong jumelé* (dont un grand et un *petit*, **vĭ**)
- **sè gàn**, (= entendre la cadence, le rythme), *savoir danser*
- **gansísè**, *le fait de savoir danser*
- **kúgàn**, (= mourir au rythme), *ne pas savoir danser*
- **gankúnɔ̀**, *une mauvaise danseuse, un mauvais danseur*

Chez les fon, la danse occupe une place importante, tant pour ce qui concerne le culte religieux que dans la vie de tous les jours, comme il sera expliqué plus loin, à la page 137.

SORCELLERIE ET SORTILEGES

La *sorcellerie*, **àzĕ**, est très répandue chez les Fon, qui croient que les *sorciers*, **àzètɔ́**, peuvent se changer en hibou ou en chat (noir) pour dévorer leur victime humaine transformée en cabri ou en porc.

Les vieillards, et surtout les *vieilles femmes*, **nyɔ̀ɖaxoví**, sont accusés de sorcellerie et mis au ban de la société. Ainsi, dans les années 1974-1984, le Gouvernement marxiste du Bénin a mené une lutte atroce contre lesdits sorciers, arrêtés, torturés et dépouillés : même les séculaires *forêts sacrées*, **zùn**, censées abriter les hiboux et autres oiseaux de mauvais augure, ont été détruites en grande partie sur toute l'étendue du territoire.

Pour se protéger de la sorcellerie, les uns et les autres recourent aux *sortilèges*, aux *grigris* ou *talismans*, **bǒ**, dont il existe deux catégories : les offensifs et les défensifs :

- **cakátú**, *fusil* pour empoisonner à distance (**tú**, *fusil*) : la victime reçoit dans le corps, de façon mystérieuse, une décharge de clous rouillés, de tessons, de pierre ou autres projectiles.
- **sóxwíxwè**, *action d'enfoncer, de clouer au sol* ; pratique visant à paralyser une personne dans toutes ses actions.
- **ylɔ̌**, **yrɔ̌**, *appeler, attirer, conquérir, détourner la volonté d'un individu* pour lui faire faire tout ce qu'on veut ; les yoruba disent **gbɔ́ tèmí**, *écoute ce que je dis*.
- **afyɔ́n xocí**, *action d'éteindre les difficultés* ; ce **bǒ** est censé mettre à l'abri de tout danger (**afyɔ́n**, *malheur, angoisse, difficulté*)
- **glǒ**, *résister, se défendre, échapper* ; le *talisman*, **glǒ**, est donc un moyen de défense ou de protection contre toute agression : un antidote, un contrepoison.
- **zǐndídó**, *action de se dérober, de devenir invisible* ; en cas de danger, ce grigri permet à celui qui le porte de disparaître mystérieusement (**zǐn**, **zìnflu**, *obscurité, ténèbres*, **dǒ**, *semer*) on dit aussi **zǐnbó**.
- **fífóbó**, même sens que le précédent (**fò**, *disparaître de façon magique*)

Dans le contexte des sortilèges et de la sorcellerie, on peut relever les termes et expressions ci-dessous :

- **wà bǒ**, *faire* (se procurer) *un grigri*
- **bòwíwà**, *action de se procurer ou de pratiquer le grigri*

- **wàbǒ nú mɛ̀**, *faire un grigri pour quelqu'un ; préparer un grigri pour quelqu'un* ; c'est la profession des **àzɔnɖátɔ́**, qui confectionnent des talismans pour donner des maladies, pour empoisonner.
- **ɖǒ bǒ mɛ̀**, *jeter un sort à quelqu'un*
- **sàbǒgbè**, *prononcer des incantations* (**gbè**, *voix, parole*)
- **sàbǒgbé dó mɛ̀**, *prononcer des incantations contre quelqu'un*
- **bǒ ɔ́ ɖì**, *le grigri a réussi*
- **bǒ ɖiɖì**, *grigri efficace*
- **àzě**; *sorcellerie*
- **àzètɔ́**, *sorcier, sorcière*
- **àzěxɛ̀**, *oiseau sorcier* (hibou)
- **ɖǒxɛ̀**, *posséder un oiseau* (oiseau-sorcier)
- **ɖù àzě**, *devenir sorcier* (= manger sorcellerie)
- **gbò àzěmɛ̀**, *ensorceler quelqu'un*

VIE ECONOMIQUE ET SOCIOCULTURELLE

La vie économique et sociale s'organise autour des principales activités humaines déterminées par le milieu géographique et la culture.

Les classes sociales

Par tradition, les Fon sont attachés au respect de la hiérarchie. En effet, l'ancienne société était nettement divisée en trois classes et, bien que l'on ne puisse pas parler de castes, on distinguait, d'une part les *princes*, **àxɔ́ví**, et toutes les personnes liées à la royauté, qui bénéficiaient de nombreux privilèges dont la liberté de moeurs inhabituelle des *princesses*, **nà** ; d'autre part, les *roturiers*, **anatɔ́**, qui formaient la plus grande couche de la population et pouvaient être anoblis par nomination à la cour ou par mariage avec une princesse à laquelle devait revenir toute la progéniture ; enfin, les *esclaves*, **kanumɔ̀**, captifs de guerre ou de razzia ou encore condamnés et repris de justice dévolus au service de la famille royale : ils étaient employés à toutes les corvées ou destinés à la traite négrière.

De nos jours, ces stratifications se sont estompées, mais le goût des prérogatives et l'amour des distinctions entre supérieur et subalterne restent fortement marqués, si bien que même le plus petit planton tient à son rang car, selon le dicton, **gǎn ɖè nyì kpɛví ǎ**, *point de petit chef, un chef est un chef.*

Les activités économiques

En milieu rural fon, la principale activité économique est l'agriculture et le petit élevage, dont les produits se vendent sur les *marchés*, **axì**, ou bien dans les *rues*, **alító**. Mais l'artisanat occupe également une place non négligeable dans l'économie nationale.

- **L'agriculture**

- **glelílɛ̀**, *agriculture*
- **glè**, **gleta**, *champ, ferme*
- **lɛ̀glè**, *cultiver le champ*
- **glezɔ́**, *travaux des champs*
- **glelɛtɔ́**, *cultivateur (*= qui travaille aux champs*)*
- **glesì**, *paysan voué à la culture* (dans l'ancien royaume d'Abomey)
- **gletanù**, *campagnard* (péjoratif = péquenot)
- **nùkún**, *grain, graine, céréale*
- **dǒnùkún**, *semer les graines*
- **yà nùkún**, *moissonner (*= récolter le grain*)*
- **gbadé**, *maïs* (aliment de base)
- **abɔkún**, *sorgho*

- **likún**, *mil*
- **mɔ̀likún**, *riz* (s'est substitué au mil)
- **fɛnyɛn**, *manioc*
  (on en fait du "gari" et on en tire le tapioka)
- **tè**, **teví**, *igname*
  (le premier des tubercules, dont plusieurs variétés)
  teɖuɖu, *fête de l'igname*
- **dokwín**, *patate douce*
- **glɛ̀n**, *taro*
- **mǎ**, *légumes* (feuilles, genre épinards)
- **ayikún**, *haricot* (nourriture préférée des dieux, on en fait des *beignets*, **àtá**, **dokɔ́**)
- **takín**, *piment*
- **timati**, *tomate*
- **ayoma**, *oignon*
- **gùsí**, *sésame*
- **feví**, *gombo* (on en fait une sauce gluante, filante)
- **dě**, *noix de palme* (on en tire *l'huile rouge*, **amivɔvɔ**)
- **dětín**, *palmier* (Elaeis Guineensis ; considéré comme un arbre providentiel, car tout y est utilisable, selon le dicton **dè nu ɖe ma gbɛ kwɛ**, *rien sur le palmier ne manque de valeur d'argent*)
- **děkàn**, *palmeraie*
  (source de richesse pour l'exportation au Bénin)
- **děkín**, **děkwín**, *amande de palme* (on en tire une huile très odorante ; la variété **fádé** s'utilise pour la consultation de l'oracle **Fá**)
- **àzîn**, *arachide*, **azǐn mì**, *huile d'arachide*
- **avɔkanfún**, *coton*
  (**àvɔ̀**, *tissu*, **kan**, *fil*, **fún** , *ouate, poil, fibre*)
- **àzɔ̀**, *tabac* (fumée)
- **nù àzɔ̀**, *fumer* (= boire tabac, boire fumée)

- **àzɔ̀nutɔ́**, *fumeur*
- **àzɔkwɛ́**, *pipe* (**nù àzɔkwɛ́**, *fumer la pipe*)
- **àtínsínsɛ́n**, *les fruits*
- **àgɔ̀n**, **àgɔ̀nde**, *ananas*
- **àgɔ̀nkɛ́**, *noix de coco*
- **àgɔ̀nkɛtín**, *cocotier* (= arbre de noix de coco)
- **yovozɛ̀n**, **gbǒ**, *orange*, **yovozɛ̀ntín**, *oranger*
- **klé**, *citron* ; **klétín**, *citronnier* (= arbre du citron)
- **kokwe**, *banane* (il en existe plusieurs variétés ; c'est l'offrande préférée de la divinité **dàn**, *le serpent*, symbolisé par l'arc-en-ciel)
- **kpɛ̀n**, *papaye* ; **kpɛntín**, *papayer*
- **kɛ́nkún**, *goyave* ; **kɛ́nkúntín**, *goyavier*

• **La chasse et l'élevage**

- **gbènyínyà**, *la chasse*
- **nyà-gbě**, *chasser*

  nyà, *chasser*, **gbě**, *herbe, brousse, champ*
- **yì gbě**, *aller à la chasse*
- **gbènyatɔ́**, **gbètɔ́**, *chasseur*

  (il existe des familles ou des clans de chasseurs respectés)
- **gbělan**, **gbèmɛ́làn**, *gibier*

  = viande de brousse, de forêt ; **làn**, *viande*
- **gbèkanlìn**, *gibier*

  = animal de brousse, des champs ; **kanlìn**, *animal*
- **xɔ̀**, **xɔ̀làn**, *aulacode* (rongeur très apprécié, appelé à tort "agouti")
- **tɛ́**, **àgbànlín**, *biche, antilope, gazelle*
- **gbègluzà**, *sanglier* (= porc des champs ; **àgluzà**, *porc*)
- **àzwì**, *lièvre, lapin*
- **àsɔ̀**, **asɔklé**, *perdrix*

- **nùnyínyì**, *élevage* (action d'élever quelque chose)
- **nyì**, *élever* ; **nyínyì**, *action d'élever*
- **nyì kanlìn**, *élever des animaux*
- **nyì koklô**, *élever des poulets* ; **nyí gbɔ̌**, *élever des caprins*
- **kanlin-nyínyì**, *action d'élever des animaux*
- **kanlìn-nyítɔ́**, *éleveur*
- **gbɔ̌**, **lɛ̀ngbɔ̌**, *mouton, caprin*
- **lɛ̀ngbɔ́ví**, *agneau* (= petit du mouton)
- **lɛ̀ngbɔ́sì**, *brebis* (= femelle du mouton)
- **lɛ̀ngbɔ́sú**, *bélier* (= mâle de mouton)
- **àgbò**, *bélier* (symbole de la force)
- **gbàgbá**, *bouc* (péjoratif)
- **àgluzà**, *porc, cochon* (s'utilise comme insulte, péjoratif ; le porc est associé à la sorcellerie)
- **koklô**, *poulet, gallinacés*
- **kpákpá**, *canard*
- **sonù**, *pintade*
- **àhwanɛ́**, *pigeon*

Sur le plan national, l'élevage, la chasse et la pêche sont des activités localisées dans les régions les plus propices : l'élevage et la chasse dans le nord, la pêche dans le sud, sur la côte atlantique.

• **L'artisanat**

En milieu fon du Bénin, on peut distinguer un artisanat rituel, un artisanat de cour et un artisanat populaire ou utilitaire, les uns et les autres présentant généralement un caractère plus ou moins symbolique.

Pour chaque activité manuelle, **alɔnuzɔ́** (**alɔ̀**, *main* ; **àzɔ̌**, *travail*), on examinera quelques termes et expressions utiles.

Le tissage

- **nùlínlɔ̀n**, *le tissage*
- **lɔ̀n nǔ**, *tisser* (**nǔ**, *chose, objet*)
- **lɔ̀n àvɔ̀**, *tisser une étoffe, un tissu, un pagne* (**àvɔ̀**)
- **àvɔlɔn-nú**, *métier à tisser*
- **àvɔlɔntɔ́**, *tisserand* (= celui qui tisse le tissu, le pagne)

  Du temps des rois, entre le 17e et le 19e siècles, tous les tisserands d'Abomey étaient regroupés dans le quartier **Gbɛkɔ̀n**, où la famille **Adònɔ̀** fabrique de nos jours surtout des nappes de table et des *hamacs*, **kpɔ̀n**.

La couture, la broderie

- **nùkíkó**, *broderie*, **nùtútɔ**, **nùtítɔ**, *la couture*
- **kó àvɔ̀**, *broder une étoffe*
- **tɔ̀ àvɔ̀**, *coudre un tissu*
- **tɔ̀ awù**, *coudre une chemise*
- **àvɔ̀kótɔ́**, **nùkótɔ́**, *brodeur* (= celui qui brode une étoffe)
- **àvɔ̀tɔtɔ́**, **nùtɔtɔ́**, *couturier, tailleur*

La famille **Yemajɛ̀** d'Abomey, installée près du grand palais **hɔnmɛ̀**, est spécialisée dans la technique des tissus appliqués, sorte de broderie consistant à découper des motifs de toutes les couleurs et à les coudre sur une toile à fond uni. Les compositions ainsi obtenues, ancêtres du patchwork, évoquent surtout les hauts faits et les devises personnelles des rois.

Le travail du fer

- **gantuntùn**, **nùtuntùn**, *travail du fer*
- **tùn gàn**, *forger le fer*
- **tùn nǔ**, *forger un objet*

- **gantuntɔ́**, **nù-túntɔ́**, *forgeron*
  = celui qui forge le fer, celui qui forge un objet
- **flè**, *forge* (en plein air)
- **flesá**, **flexɔ́sá**, *forge* (sous abri)
- **fletuntùn**, *action de forger*
- **fletuntɔ́**, **àyàtɔ́**, *forgeron*

La famille **Àyàtɔ́** d'Abomey constitue le clan des forgerons qui façonnent les objets en *fer*, **gàn**, tels que *le coupe-coupe*, **gyankpa**, *le couteau*, **jìví**, *la houe*, **àlǐn**.

Pour mettre en relief leur statut quelque peu particulier, les forgerons sont désignés par certaines périphrases : **Àyàtɔ́ ganmɛnù**, *Àyàtɔ́, l'homme du fer* ; **Àyàtɔ́ gbɛdɛ**, *Àyàtɔ́, le forgeron* (du Yoruba **àgbɛ̀ɖɛ**, *la forge*).

Quant au travail du *cuivre*, **gànvɔ̀vɔ̀** (= fer rouge), **gànmú** (= fer cru, non durci), il est la spécialité de la famille **Huntɔnjí**, qui fabrique des objets de décoration, des bijoux, des figurines représentant les scènes de la vie quotidienne, etc.

- **ganví**, *bijou* (= petit objet métallique)
- **ganvíblótɔ́**, *bijoutier* (= celui qui fait des *bijoux*, **blǒ**)
- **alɔganví**, *bague, anneau*
- **tomɛganví**, *boucle d'oreille*
- **àbàgan**, *bracelet en argent porté au biceps par les Vodunsì*

La sculpture sur bois

Spécialité de la famille **Dɔ̀nviɖé** du village de Banamé, près de Cov47 dans la province du Zou, la *sculpture sur bois*, **àtínkpíkpà**, était à l'origine un artisanat de cour consacré à la fabrication des trônes royaux taillés dans une seule bille de bois d'iroko ou roko (Chlorophora Excelsa) dont les forêts étaient nombreuses dans la région. De nos jours, on sculpte aussi à Abomey, Allada, et même à Cotonou, des salons, des lampadaires, des animaux symboliques (lion, requin), des tam-tam, des masques, des statuettes et autres objets rituels.

- **kpàtín, kpà àtín**, *sculpter* (**kpà**, *tailler* ; **àtín**, *arbre, bois*)
- **àtínkpíkpà**, *action de sculpter, sculpture*
- **àtínkpatɔ́**, *sculpteur* (= tailleur de bois)
- **xwlɛ́**, *raboter* ; **xwlɛ́ àtín**, *raboter du bois*
- **xwlɛ̀**, *planche*
- **xwlɛkpatɔ́**, *menuisier* (= qui rabote les planches)
- **àtínxwlɛtɔ́**, *menuisier* (= qui rabote le bois)
- **zinkpò**, *siège* ; **àxɔsú zinkpò**, *trône* (= siège de roi)
- **kinikíní**, *lion* (symbole de la force, emblème du roi **Glelɛ̀** 1858-1889) ; **kanlingán**, *roi des animaux*
- **bòcíɔ̀**, **bòcíɔ́vi**, *statuette en bois*
- **bòcíɔ̀kpatɔ́**, *sculpteur de statuettes*

La poterie

En archéologie, la poterie a toujours été considérée comme le signe de la présence humaine. Trois régions fon du Bénin sont spécialisées dans cet art à la fois religieux et utilitaire : Abomey et les localités avoisinantes de Zinkanmé et d'Agbangnizoun ; le village de Sê dans la province du Mono ; la commune d'Adjara dans le département de l'Ouémé.

Le nominal composé **zɛ̀nmimɛ̀**, *action de brûler* (*de cuire*) *la poterie*, indique bien que le modelage, le moulage ou le tournage sont des phases secondaires ; le plus important étant la solidité ou la résistance de l'objet façonné, d'où sa cuisson au feu de bois.

Parmi les poteries utilitaires, on retiendra :

- **zɛ̌n**, *pot, poterie*
- **zɛ̌n ɖaxɔ́**, *jarre* (= grande poterie)
- **dàzɛ́n**, *grande jarre*, toujours en place pour conserver l'eau puisée (**dùn**, **dà**, *puiser*)
- **sinzɛ́n**, *cruche à eau*
- **tɔyízɛ́n**, *cruche pour aller chercher l'eau à la rivière*
  tɔ̀, *rivière, source, marigot* ; **yì**, *aller*
- **nùɖazɛ́n**, *marmite* (= poterie pour *cuisiner*, **ɖànǔ**)
- **nùsunuzɛ́n**, *marmite pour cuire la sauce* (plus fine)
- **wɔ̀zɛ́n**, *marmite pour cuire la pâte* (plus solide)
- **zɛ̀nnusú**, *couvercle de poterie*
  nù, *orifice, bouche* ; **sú**, *fermer*
- **àgbǎn**, *vase, assiette*
- **kɔ́gbán**, *vase, assiette traditionnelle en terre* (**kɔ́**)
- **kɔ́gbɛ́n**, *assiette européenne, en faïence*

La production de poterie rituelle est également assez abondante :

- **vodúnzɛ́n**, *poterie vodun*
- **tɔ́xɔ́súzɛ́n**, *poterie couverte de protubérances* pour le culte de **Tɔ́xɔ́sú**, symbole des enfants malformés, qui sont rituellement noyés dans une rivière sacrée ; la divinité **Tɔ́xɔ́sú** est la reine des eaux.
- **lisazɛ́n**, *vase sur pied, avec trois anses et teint en blanc,* pour le culte de **Lisà**, principe mâle qui forme, avec **Mǎwǔ**, le couple créateur du monde.
- **dangbézɛ́n**, *poterie ornée de serpents* pour le culte de la divinité du même nom **dàn** ; **dangbé**, *python royal*

- **àbìkúzɛ́n**, *poterie pour le culte des enfants morts-nés* (du Yoruba, **àbìkú**)
- **hòxozɛ́n**, **hòxogbán**, *petit pots soudés deux à deux*, pour le culte des *jumeaux*, **hǒxò**
- **dosúzɛ́n**, *petite poterie représentant un enfant né après des jumeaux*
- **àjalalazɛ́n**, *poterie percée de trous* pour le culte de **Sakpata**, *dieu de la variole*, dont les trous symbolisent les cicatrices indélébiles laissées par la maladie.
- **ayizɛ́n**, *écuelle* pour offrir des *haricots*, **ayì** , **ayikún,** aux divinités
- **kpèzɛ́n**, *long tambour en poterie recouverte de vannerie*

La vannerie

Comme la poterie, la vannerie est une activité importante en milieu fon, où elle fournit des produits surtout utilitaires. L'expression **nùlinlɔ̀n**, *action de tresser un objet* (**nǔ**), est un terme générique qui regroupe le tressage de paniers, de cages, de couffins, de sièges, de sacs, de chapeaux, de nattes, etc. Les matériaux habituels sont : la nervure de branche de raphia ou de palmier, ou encore de cocotier, le jonc, le fil de raphia et autres cordes végétales :

- **děkpà**, *nervure de branche de palmier*
- **bàdé**, *nervure de branche de raphia*
- **ɖɛ̌**, *raphia*
- **ɖɛ̀tín**, *palmier raphia* (**àtín**, *arbre*)
- **ɖɛ̌kàn**, *fil de raphia* (**kàn**, *fil, corde*)
- **àtínkan**, *corde végétale, liane*
- **àgɔ̀nmà**, **àgɔ̀nkɛmà**, *feuille de cocotier*
- **fɛ́n**, *jonc*

Avec ces matières, les *artisans*, **nùlɔntɔ́**, *tressent*, **lɔ̀n**, les objets suivants :

- **zàn**, *natte*, terme générique (on l'étend pour s'y coucher)
  zanlɔntɔ́, *tresseur de nattes*
- **fɛ́nɖɔ̀**, *natte légère, peu épaisse, de toutes couleurs*
- **akɔ̀**, *natte de plusieurs épaisseurs, sorte de matelas*
- **xasùn**, *panier*, terme générique
  xasunlɔntɔ́, *vannier*
- **xasunví**, **sunví**, *petit panier, corbeille*
- **sunví kotwé**, *tout petit panier*
- **atɛ̀**, *plateau en vannerie pour étaler les produits*
- **àgbanxasùn**, *panier pour objet lourd* (**àgbàn**)
- **dèfɔxasùn**, *panier évasé pour transporter des régimes de noix de palme*
  dě, *noix de palme*, **fɔ̀**, *ramasser, transporter*
- **nùxwíxasùn**, *tamis en vannerie* (**nǔ**, *chose*, **xwí**, *tamiser*)
- **àjà**, cage, terme générique (tressage à claire-voie à partir de lattes de branche de palmier)
- **xɛ-jà**, cage à *oiseaux* ; **koklo-jà**. cage à *poulets*
- **àjà kotwé**, *toute petite cage*
- **kɛnví**, *sorte de panier ou de sac en jonc souple et de différentes formes et tailles*
- **atì**, **cakì**, *sac de jute*
- **àglò**, **glò**, *sac*, terme générique (sac à main, serviette)
- **àdɔ̀kpò**, **akpò**, *sac en raphia, en étoffe ; poche*
- **gbàkún**, *chapeau, couvre-chef* (terme courant)
- **àzà**, *couronne, chapeau, coiffure, plafond*
  (terme plus archaïque)
- **àzagbagbà**, *grand chapeau de jonc* sous lequel s'abritent les vendeuses en plein soleil
  àzalɔntɔ́, **àzablotɔ́**, *chapelier*
  (= qui tresse, qui fait des chapeaux)

Remarque

a) Le couvre-chef a une grande importance chez les Fon : il compte parmi les attributs de la royauté et chaque prince y fait broder sa devise personnelle ; des proverbes en parlent de façon ironique :

- **Ta nɔ ɖòtè bɔ̀ e nɔ xwè àzà nú kolì ǎ.**
- *On ne laisse pas la tête pour coiffer le genou.*
- "A tout seigneur, tout honneur".
- **Àvɔ̀ vún nyaɖé bɔ̀ e jlǎ ɛ̀ fulà.**
- *A un quidam, aux habits déchirés, on vient proposer un chapeau ("il me faut l'utile avant l'agréable !").*

Le mot **fulà** est un emprunt direct du Yoruba (**fìlà**, *chapeau*) ; les aphorismes jouent souvent sur la syntaxe et le lexique, comme on le verra dans la rubrique de la littérature orale.

b) Le conseiller du chef, l'officier de la couronne, se désigne par le composé **àzaglɔ̌gan** (**àzàglɔ**, *sous le chapeau*, **gǎn**, *chef*).

Les calebasses gravées, **ká kpíkpà**

La pyrogravure, ou la gravure au stylet sur calebasse, est un art largement répandu en Afrique Noire en général et au Bénin en particulier, du nord au sud du territoire.

La *calebasse*, **ká**, sorte de courge de taille et de forme variées, peut être travaillée comme du bois. Elle servait traditionnellement à contenir les liquides et la nourriture ; on l'utilisait aussi comme instrument de musique : sifflet, trompe, cor, résonateur et castagnettes.

Les gravures réalisées avec de simples couteaux sont des idéogrammes matérialisant, d'une part les *récits historiques*,

hwènuxó, *les contes*, **xɛxɔ́**, *les proverbes*, **lǒ**, et *les dictons*, **xogbè**, de la tradition orale des Fon, et exprimant d'autre part les réalités de la vie sociale totale.

Au grand marché d'Abomey, l'on peut observer encore de nos jours des graveurs sur commande inscrire tels ou tels messages destinés à des amis ou à des rivaux. Ainsi, le dessin stylisé d'une bouche ouverte garnie de dents correspond au proverbe **àɖŭ kònŭ, xomɛ ɖòvò**, *les dents rient mais autre est le ventre* (= méfiez-vous des apparences).

- **ká**, *calebasse* ; **kákpatɔ**, *graveur de calebasse*
- **kákpíkpà**, *calebasse gravée, action de graver une calebasse*
- **kágò**, *petite gourde* (= calebasse-bouteille)
- **gòtà**, *grosse gourde à petit orifice* sur lequel on tape avec un éventail en guise de résonateur dans un orchestre
- **káxwɛ̀**, *morceau de calebasse*
  (facile à manipuler pour envoyer des messages)
- **kánusúnɔ̀**, *calebasse à couvercle*, utilisée pour les offrandes (**nù**, *bouche, orifice*, **sú**, *fermer*, **nɔ̀**, *marque de la possession*)
- **sínnuká**, *calebasse servant à boire de l'eau*
  sìn, *eau*, **nù**, *boire*
- **fáká**, *calebasse pour consulter le* **Fá**
- **kplékáxámɛ̀**, *manger ensemble avec quelqu'un*
  kplé, *réunir*, **xá**, *avec*
- **kpòkánúmɛ̀**, *laisser, réserver une part de nourriture à quelqu'un* (**kpò**, *réserver*, **nú**, *pour*)

Après les activités essentiellement manuelles, il convient de consacrer quelques lignes aux créations à caractère plutôt intellectuel ou culturel.

Chez les Fon, les activités culturelles les plus importantes sont la musique et la littérature orale.

La musique

Elle comporte trois aspects indissociables : *le chant*, **hàn**, *le jeu des instruments*, **nù xíxò** (= action de taper sur un objet), *la danse*, **wè** ou **we ɖúɖú**.

Le sujet a été abordé dans le chapitre consacré à la religion, dans la rubrique des "réjouissances vodún" (pp. 115 à 117). Mais, compte tenu de l'importance de cet art, un petit développement semble nécessaire.

S'agissant de la chanson, il faut distinguer les chants historiques, guerriers, religieux, funéraires, satiriques, de louange, de conte, de travail et de simple distraction.

Les artistes forment *des groupes* ou *des ensembles*, **gbě** spécialisés, tels que : **hŭngbɛ́**, *association de tam-tam*, **gànúgbɛ́**, *club d'assiettes métalliques* garnies de petites pièces de monnaie et utilisées comme hochets ou castagnettes. Mais un orchestre traditionnel complet est composé, selon les genres, des instruments ci-dessous :

- deux grands tambours dont l'un, à son grave, est le mâle, **hùn-gán** (= *tambour grand*) et l'autre, à son plus aigu, est la femelle, **hŭn-nɔ̀** (= *tambour-mère*) ;
- deux ou plusieurs *petits tambours*, **hŭn-ví** ;
- une grosse *gourde*, **gotà** ;
- des instruments de rythme : *gong simple*, **gàn**, ou *gong jumelé*, **gàn-kpàn-vǐ** (= gong - a mis au dos - enfant)

- des instruments d'accompagnement : *castagnettes,* **asàn**, **asɔgò** ; *sifflets, trompes, olifants,* **kpìn** ; *flûtes,* **kpetè** ; *lyres en bambou,* **tɔba** ; *guimbarde faite de caisse en bois et de lamelles de métal,* **àgídígbò**.

Le verbe **xò**, *frapper, taper,* s'utilise pour la percussion et **kún**, *souffler, siffler,* s'emploie pour es instruments à vent. Ainsi, **kpetékúntɔ́** signifie *joueur de flûte.*

Dans la région d'Abomey, on rencontre deux types d'orchestres : les orchestres royaux et religieux, puis les orchestres populaires, aux rythmes fort variés, dont cinq méritent d'être cités :

- **hùngán**, *rythme royal et martial, pondéré et imposant,*
- **zɛ̀nlì**, *mesure lente, son sourd évoquant l'angoisse, la tristesse, le deuil,*
- **hanyè**, autrefois *musique princière,* adoptée de nos jours par l'église catholique ; *rythme méditatif,*
- **àcá**, *musique des grandes réjouissances* privées ou publiques ; *rythme d'allégresse,*
- **cɛnkúmɛ̀**, autre nom du **sinhún**, "*tam-tam de l'eau*" ; musique populaire de la région de Savalou, au nort-ouest d'Abomey ; rythme d'abord lent puis endiablé à la fin et donc très apprécié.

Voici, à titre d'exemple, un chant **hanyè** religieux catholique et une mélopée populaire enseignant, à la manière de La Fontaine, la méfiance que doivent avoir les "petits" à l'égard des "grands" de ce monde.

CHANT N° 1

Jèsǔ cè, à nyɔ̌, bo ka nyí wàn nu mì.
Mon Jésus, tu es bon, et tu m'as aimé.
Àkulunɔ cè, à nyɔ̌, bo ka nyì wàn nu mì.
Mon Seigneur, tu es bon, et tu m'as aimé.
Un wa, bo ɖò kpojijɛ̀, lobo dókú káká.
Je viens, et me mets à genoux, et (te) remercie beaucoup.

CHANT N° 2

Kɔfele, Kɔfele kɔ, felele (bis),
Termites, termites, termites (bis),
Òmǐ tun ɖà nu kpɔ̀ (felele),
Nous avons défait les tresses de la panthère,
(génie de la famille royale d'Abomey)
Kpɔ̀ j(ɛ̀) àhàn bo yɔlɔ mǐ (felele),
La panthère a acheté des boissons et nous a invités
E to nyi nùgbó wɛ̀ hǔn (felele) ?
Est-ce la vérité ?
E to nyi nùvú wɛ̀ hǔn (felele) ?
Est-ce un mensonge ?

JESǓ CE *(O MON JESUS)*

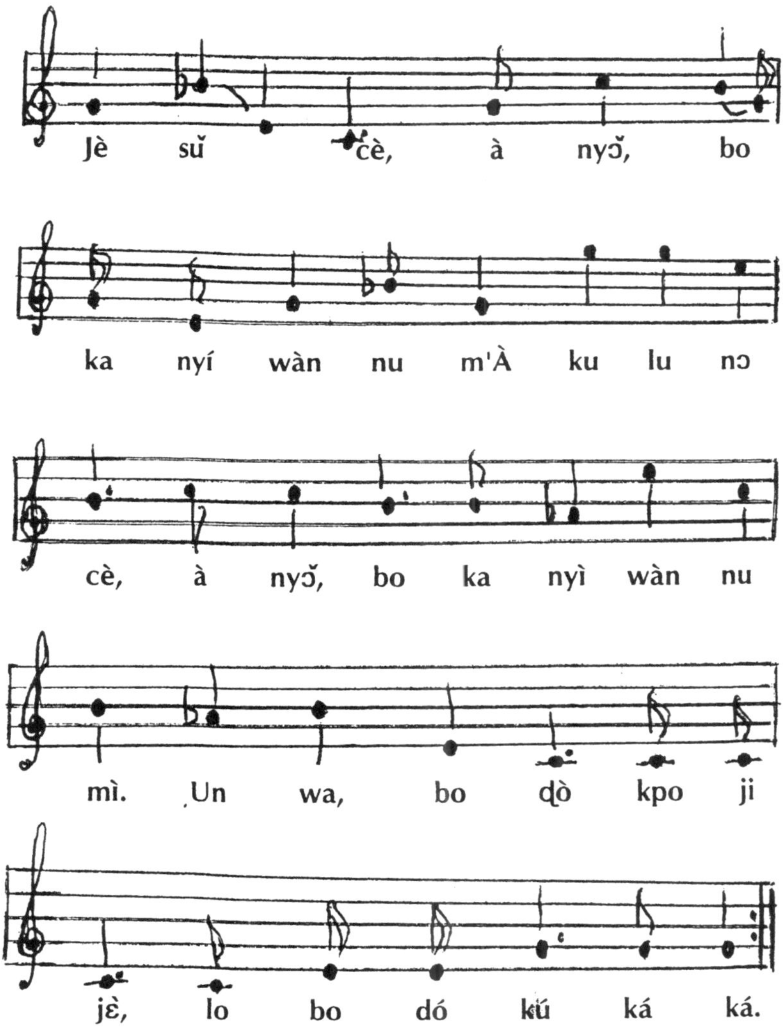

KƆFELE, KƆFELE *(TERMITE, TERMITE)*

La danse

Il convient de mettre l'accent sur la signification et la fonction sociale de la danse pour les populations fon chez qui, comme partout en Afrique Noire, elle tient une place très importante.

En effet, on danse dans toutes les circonstances de la vie : naissance, imposition du nom ou baptême, fiançailles, mariage, décès, enterrement, cérémonies coutumières, culte des ancêtres, initiation, réjouissances populaires, travaux divers, etc.

La danse constitue une activité culturelle à caractère social et individuel très accentué : tout le groupe y participe, y compris les enfants et même les bébés dans le dos de leur maman ; pas de billet d'entrée, tout le monde est à la fois acteur et spectateur ; le danseur qui saute dans le cercle doit exhiber, par ses mouvements, son adresse, sa force et sa virilité ; quant à la femme, elle devra montrer sa féminité par la grâce et la souplesse de ses gestes qui mettent en valeur ses formes : *poitrine*, **àkɔ́n**, *hanches*, **alin-mɛ̀**, et *fesses*, **gogó**.

En cas de bonne prestation, le danseur est couvert de félicitations :

- on lui plaque des pièces de monnaie ou des billets de banque sur le front, **tɛ́ àkwɛ́ nû** (= *coller-argent-pour-lui*)
- on lui met un tissu sur la tête, **dǒ àvɔ̀ nû** (= *mettre-tissu-pour-lui*)
- on danse avec lui ou on le remplace dans le cercle, **yǐ we nû** (= *recevoir-danse-pour-lui*)

Quant au *mauvais danseur*, **gankúnɔ̀**, il est hué et donc renvoyé hors du cercle : déshonneur particulièrement dur à supporter pour une femme, comme le prouve le proverbe suivant : **nyɔ̀nu nylá weɖú bó ɖó nú ànɔ̀kàn**, *une femme danse mal et l'attribue à ses seins flétris* (**ànɔ̌**, *seins*, **kàn**, *corde ; des seins-corde, des seins tombants*) ; il s'agit d'une fausse excuse que la connotation péjorative de ce dernier terme sert à rejeter très clairement.

La littérature orale

Dans le domaine de la littérature orale, à valeur essentiellement informative, éducative ou ludique, G. Guédou (1985) et D. Fadaïro (1986) ont recensé une vingtaine de types de discours ou de genres "verbaux parlés", qui s'opposent aux "verbaux chantés" étudiés dans le chapitre précédent.

Genres littéraires oraux

- **hwenuxó**, *récit dont l'action se situe dans un passé réel ou mythique* (**hwenù**, *temps, époque*, **xó**, *parole*) ; se dit en toute occasion et retrace généralement les hauts faits de la dynastie royale d'Abomey ou les exploits des ancêtres familiaux.
- **xɛxó**, *conte à personnages animaux* (**xɛ̀**, *oiseau*, **xó**, *parole*) ; se dit uniquement le soir, après le repas, jamais dans la journée.
- **yɛxó**, *histoire merveilleuse, récit-fiction, conte de fées* (**yɛ̀**, *esprit, ombre*, **xó**, *parole*) ; presque synonyme de **xɛxó**.
- **tàn**, *récits historiques* ayant trait au *passé familial*, **hɛ̀nútàn**, ou *clanique*, **akɔtàn** ; terme emprunté au Yoruba, **ìtàn**, *histoire vraie*.

Remarque : Pour l'énonciation des trois premiers genres, on utilise le verbal **ɖɔ̀**, *dire*, **ɖɔ̀ yɛxó**, *raconter une histoire merveilleuse*, mais pour les **tàn**, on emploie le verbe yoruba **kpìn**, *raconter, dire*.

Il appartient aux ascendants de chaque lignage, et tout particulièrement au *chef de collectivité*, **hɛ̀nugan**, ou à la *grand-tante paternelle*, **tányínɔ̀**, d'instruire les descendants des faits et des secrets concernant le passé familial et susceptibles de les guider dans leurs multiples relations sociales. Faute de quoi, les enfants ignorants de leur tradition s'entendront un jour interpeller ironiquement en ces termes : **È kpìn tàn nu wè ǎ wɛ à ?**, *on ne t'a donc pas conté l'histoire de ta famille ?*

- **lŏ**, *proverbe, sentence, maxime, adage, apophtègme, aphorisme, devise* ou autres formules remarquables par la concision et la densité. Les **lŏ**, habituellement insérés dans les discours, servent comme des arguments d'autorité qui donnent force et authenticité au propos d'un individu. On dit : **dŏ lŏ**, *"semer" un proverbe*, **flón lŏ**, *expliquer un proverbe*. Une petite liste figure à la fin de cet ouvrage.
- **nùbyáxà**, *trait d'esprit, bon mot, parole allusive* généralement amusante et à caractère humoristique. On dit **dŏ nùbyáxa nú mɛ̀**, *faire une blague à propos de quelqu'un*.
- **jɛ̀lɛ̀**, *disputes, querelles* ; elles sont fréquentes sur les marchés et entre les coépouses. Dans la société béninoise, comme chez les Bété du Cameroun étudiés par Ph. Laburthe-Tolra en 1981, "la conduite vindicatoire joue un rôle essentiel ; elle est le cas par excellence où s'actualise la solidarité lignagère". Lors des querelles, les paroles, les *insultes* et les *insanités* déversées sur l'adversaire entrent dans la catégorie des **zùn** ou **mɛzunzùn.**
- **zùn**, *insultes* utilisées le plus souvent impunément par les adultes contre les plus jeunes pour stigmatiser leur inconduite. La gamme des **zùn** ou **mɛzunzùn**, *action d'insulter quelqu'un*, est très variée et fort virulente en

milieu fon. En effet, ces injures s'attaquent soit à la famille de l'insulté pour en dévoiler les tares cachées (on dit alors **zùn hɛ̌nù**, *insulter la famille*), soit à ses géniteurs (**zùn mɛtɔ́, mɛnɔ̀**, *insulter le père, insulter la mère*) pour les avilir dans les parties les plus intimes de leur corps, à savoir *les fesses*, **yonù**, *le vagin*, **yomɛ̀**, *l'anus*, **mìgomɛ̀**, soit enfin à ses défauts physiques ou moraux en le traitant de *chien*, **àvǔn**, ou de *bâtard*, **àgaví**.

Plusieurs voix s'élèvent contre cette habitude de proférer des insanités de ce type, qui témoignent d'un manque d'éducation de la part de leurs auteurs. Nous préfèrons donc, quant à nous, renvoyer le lecteur intéressé à l'article de S. Lallemand, "Tête de loque, insulte et pédagogie chez les Mossi", in, Cahier d'Etudes Africaines, n° 60, Volume XV, 1975, 4e cahier, pp. 649-667.

Le terme **nùyá** désigne les insultes allusives les plus graves par lesquelles on publie les misères d'une personne et de sa famille. Il n'est pas rare d'entendre les adversaires dire :

. **Un ɖɔ̀ nùyá ní ì**, *je lui ai craché des paroles blessantes,*

. **E mɛ̀ lan mɛ ní ì**, *cela l'a brûlé* (**mɛ̀**) *dans son être,*

. **E vɛ́ lan mɛ ní ì**, *cela lui a fait mal* (**vɛ́**) *dans sa personne.*

- **gbedomɛ̀**, *salutations*. Totalement opposées aux insultes, les salutations, examinées à la page 53 dans la rubrique "conversation courante", ont pour but d'établir des liens d'amitié ou de fraternité avec les tiers. Les formules utilisées constituent un genre littéraire important, qui inclut les *remerciements* et les *souhaits*, **kúdídó**, **kpɛ́dídó**, les *encouragements* et les *félicitations*, **mɛkpìkpà**, les *louanges* et *devises claniques*, **mɛmlámlá**.

- **ɖɛ̀**, *prière, parole sacrée* pouvant être *bonne*, **ɖɛ̀ ɖagbè** ou *mauvaise*, **ɖɛ̀ nyanya**. On dit **xò ɖɛ̀**, *faire la prière* (= "battre" la prière : traditionnellement, on tape faiblement des mains en signe de recueillement) ; **ɖɛxíxò**, *action de prier, de bénir* ; **xo ɖɛ nú mɛ̀**, *bénir une personne, prier pour quelqu'un* ; **ɖɛxótɔ́**, *personne chargée de faire la prière* (c'est généralement *le chef de famille*, **hɛ̀nugán**, ou *la grand-tante paternelle*, **tanyinɔ̀**) ; **axowaɖì**, *que ta prière soit exaucée, ainsi soit-il, amen* (la formule est une contraction de la phrase **a xo ɔ́ ní wá ɖì**, *si tu pries, que (cela) devienne efficace*) ; **nicè**, même sens que le précédent, dans la région de Porto-Novo, en milieu Gùn.

- **xócyáncyán**, *causerie, entretien familier* (**xó**, *parole*, **cyán**, *trier*, **xócyáncyán**, *parole triée, sélectionnée*) ; se déroule entre *amis*, **xontòn**, **gbɛ̌**, ou bien *sous l'"arbre à palabres"*, **vivotínsá**, on l'on vient se reposer, se détendre (**vivò**, *repos*, **(à)tín**, *arbre*, **(à)sá**, *sous*).
- **fágbè**, *langue du* ***Fá***, *voix du* ***Fá***, *parole du* ***Fá***. Avant, pendant et après la consultation de l'oracle **Fá**, qui est aussi considéré comme une divinité, *le devin*, **bokɔ́nɔ̀**, récite de longues litanies, souvent en Yoruba et pas toujours intelligibles pour le profane : les **Fagbè**, à savoir les sentences ou les noms honorifiques du **Fá**, les légendes de ses signes ou encore les invocations à quelques divinités. Par exemple :

. **Fá, ɔrun mílà**, *Fa, dieu qui connaît l'avenir*
(du Yoruba **ɔ̀rún**, *ciel*, **mɔ̀**, *connaître*, **ɔ̀là**, *demain*)

. **Fá, ákɔ́ní lɔ́gbón**, *Fa, dieu qui donne l'intelligence*
(du Yoruba **kɔ̀**, *enseigner*, **ɔgbɔ́n**, *intelligence*)

. **Un j'avàlú Mǎwǔ**, *je rends hommage à Dieu*

. **Un j'avàlú Bokɔnɔcè**, *je rends hommage à mon devin*
(qui m'a initié au Fá)

. **Un j'avàlú Lɛ̌gbà**, *je rends hommage à* ***Lɛ̌gbà***

. **Un j'avàlú Hŏxò**, *je rends hommage aux jumeaux*

. **Un j'avàlú Lisà**, *je rends hommage à* ***Lisà*** (dieu de la terre)

- **nyĭ, nyìkɔ**, *les noms*. On a précisé dans les pages 83 à 91 que les noms de lieu et de personne ont une importance capitale chez les Fon du Bénin et se présentent comme des condensés d'énoncés fort significatifs et relatifs à un grand nombre de circonstances variées. C'est à ce titre qu'ils constituent un genre littéraire à part entière.

Après ce bref inventaire des types de productions verbales, voici à présent deux séries de textes bilingues profanes et religieux, à savoir quelques proverbes, l'Ave Maria et le Pater.

TEXTES BILINGUES

DES PROVERBES

Les proverbes fon se présentent sous deux formes, monolithique et binaire ou dialoguée. Ceux cités ici sont regroupés en cinq thèmes : religion et croyance, hiérarchie sociale, homme-femme ou époux-épouse, princesse **Àhwlikpɔ́núwà**, tam-tam et danse.

1. Religion et croyance

- **Bò má wà nǔ kpo ɖɔhùn.**

  "Talisman n'agit pas comme bâton."
  La prière ne vaut pas l'action.

- **Fá nɔ́ ɖò àgùn mɛ̀, nú bokɔnɔ nɔ́ wà yɛ̀ ǎ.**

  "Quand le Fá est au milieu de l'assemblée, le devin ne biaise pas." Nul ne peut nier l'évidence.

- **Nya ɖù àxɔ́ bɔ̀ vodún tɔ́n wá.**
  É ɖɔ̀ : é kpé àxɔ́ séblá mɔ̀ɖé wú ǎ.

  "Un individu s'endette et son vodun prend possession de lui : Il ne réussira pas une telle combine au sujet de la dette." Mauvais alibi.

- **Nya xwè Fá yí gbé bó yí zìn bokɔ́nɔ́ tɔ́n dɛ́.**
  É ɖɔ̀ : Fá yíyí nú wá jɛ́n a ɖé nɛ́.

  "Un individu se rendant à l'initiation au ***Fá*** *fait tomber le devin,* ***bokɔ́nɔ̀****, son initiateur.*
  Te voilà bien parti pour être initié !"

—o-o-o—

2. Hiérarchie sociale

- **Nú gàn ná gán ɔ́, gǎn e nɔ gán ɛ̀.**

  Pour qu'un chef existe, il faut qu'il soit soutenu. Sans sujets, point de chef ! Pas de général sans troupe.

- **Yɔkpɔ́vú é nyɔ alɔ klɔ́ ɔ́ wɛ nɔ ɖunǔ xá mɛxó**

  Seul l'enfant qui sait se laver les mains peut manger avec les adultes.

- **Nyaɖé ɖù gǎn bɔ̀ xɔn tɔn tɔn n'álɔ ɛ̀.**

  É ɖɔ̀ : xóxó tɔ̀n vò, din tɔ̀n vò.

  Un homme est nommé chef et son ami veut lui serrer la main. "Autres temps, autres mœurs" lui dit-il.

—o-o-o—

3. Rapports homme-femme, époux-épouse

- **Nyɔ̀nu ma wà nùɖé à ɔ́, àsákpáɖá tɔ́n nɔ́ xò gàn ǎ.**

  Quand une femme n'a rien fait (de mal), ses cuisses ne battent pas la chamade.

- **Nyɔ̀nu nylá weɖú bó ɖo nú ànɔ̌kàn.**

  Une femme danse mal et prétend que ses seins flétris en sont la cause. (= Fausse excuse)

- **È byɔ̌ asì nú nɛ̀kúnɔ̀.**

  É ɖɔ̀ : nà kpɔ́n wú ná dá nú mí wɛ̀ a ɖe à.

  On a demandé une femme en mariage pour un impuissant. Il dit : "Est-ce pour la contempler ?"

- **È ɖɔ nú nyaɖé ɖɔ̀ asi tɔn kún nyɔ́ ɖɛkpɛ ó.**

  É ɖɔ̀ : fí é nyɔ ɖɛkpɛ do ɔ́ émí ɖokponɔ wɛ tùn.

  On dit à un homme que sa femme n'est pas belle. Il répond : "Je suis seul à savoir où réside sa beauté."

- **Nya ɖè àvŭn bó sún ɖɔ̀ "nyɔ̀nú gblé".**
  É ɖɔ̀ : anɔ we mɛ vò.
  Un homme adopte une chienne et la surnomme "femme-pourriture". On lui réplique : "ta mère exceptée".
- **Súnú ɖù wɔ̌ tɛ̀ asi tɔ̀n. É ɖɔ̀ : é sù xɔyi hwenù.**
  Un homme a mangé de la pâte sans en laisser à son épouse. "On verra bien à l'heure du coucher", lui dit-elle.

—o-c-o—

4. Princesse Ahwlikponuwa

- **Àhwlikpɔnuwà sɔ́ gogó tlɛnɔ̀ ɖò aximɛ̀ bó dó kú.**
  É ɖɔ̀ : hwi wɛ nyí kú nɔ̀.
  *La princesse **Àhwlikpɔnuwà**, en plein marché, heurte un célibataire de ses fesses rondes et lui dit merci. "A toi plutôt les remerciements", dit l'autre.*
- **E kanbyɔ́ Àhwlikpɔnuwà ɖɔ̀ aximɛ wɛ xwe ají.**
  É ɖɔ̀ : nù kanbyɔ́ ɔ́ xo wɛ nɔ gɔ́ nú wé à.
  *On demande à la princesse **Àhwlikpɔnuwà** si elle se rend au marché. "Questionner les gens te remplit-il l'estomac ?" dit-elle.*
- **Nyaɖé nyɛ̀ àwɔ̌n ɖò Àhwlikpɔnuwà núkɔ̀n bó kpɔ́n gŭdò.**
  É ɖɔ̀ : nŭ à nà wa jɛ̀ nukɔ́n ɔ́, é wá gbɔ̀n gŭdò á ɖé nɛ́.
  *Un individu pète devant **Àhwlikpɔnuwà** et regarde en arrière. "Tu fais à la fin ce que tu devrais faire au début", lui dit-elle (= mettre la charrue avant les bœufs).*

—o-o-ɔ—

5. Tam-tam et danse

- **Àdanhún wɛ́ nɔ́ víví, bɔ̀ dakpo nɔ yì jǐ.**

  C'est quand le tam-tam devient endiablé et agréable que le roi lève sa canne en signe de félicitations.

- **E nɔ dà hŭn bɔ̀ gbè tɔn nɔ vɛ sè ǎ.**

  Quand on a invité un orchestre de tam-tam, on ne se plaint pas du bruit.

- **Hùn ɖé ɖyɔ́ ɔ́, wefɔ tɔn nɔ ɖyɔ́.**

  Quand le tam-tam change, les pas de danse changent aussi (= "autre rythme, autres pas de danse").

L'Ave Maria

Un do gbè wè Marià, *je te salue, Marie,*

Acɛ gège nɔ̀, *pleine de grâces,*

Mǎwù wɛ ɖò towe jí, *le Seigneur est avec toi,*

A wa ɖáxó hú nyɔ̀nu lɛ bǐ,

tu es la plus grande de toutes les femmes,

Bɔ̀ Jèsǔ vì towe ɖó acɛ lɛ bǐ,

et Jésus, ton fils, a toutes les grâces,

Marià Màwǔ nɔ̀, *Marie, mère de Dieu,*

Xa yɛhwe nú mǐ, *prie pour nous,*

Wamɔnɔ̀ nù nyanya wa tɔ́ lɛ, *pauvres pécheurs,*

Dìn kpodo kú hwenu mìtɔn kpan,

maintenant et à l'heure de notre mort,

Axwáɖì, *Ainsi soit-il* ou *Amen.*

Le Pater

Tɔ́ mǐtɔn e ɖò sɛ́xwé, *notre père, qui es au ciel,*

Nùn nyǐ towe ni sú ɖò fí bǐ,

que ton nom soit magnifié partout,

Nún à nyǐ mɛbì xɔ́sú,

(que tu) sois le roi de tous les hommes,

Lě e nɔ nyì sɛn towe gbɔ̀n ɖò sɛxwé ɔ́,

que la façon dont tes lois sont respectées au ciel

Ní nyí mɔ̌ ɖò gbɛ̀ dě,

soit la même sur la terre,

Nà nùɖúɖú mǐtɔ̀n tɛgbɛ tɔ̀n,

donne notre nourriture de chaque jour,

Sɔ́ hwɛ̀ mǐtɔn lɛ sɔ́ kɛ̀ mǐ, *pardonne-nous nos offenses,*

Lě mǐ nɔ sɔ́ kɛ̀ nɔví mǐtɔn lɛ,

comme nous pardonnons à nos frères,

Mákálɔ́n nú mǐ jɛ̀ àwòvi nú mɛ ó,

et ne nous laisse pas tomber dans les pièges du Diable,

Ká hwlɛ́n mì gán ɖò nǔ nyányá sí,

Mais délivre-nous du mal,

Axwáɖì, *Ainsi soit-il* ou *Amen.*

GLOSSAIRE
Fon - Français

Lettre A

à tu (pp. 21, 23, 29, 40, 43, 54, etc)
à marque l'interrogation (pp. 38, 40, 54)
ǎ marque la négation (pp. 36, 37, 38, 46, 52, 58, etc)
ǎ wɛ à est-ce que ne...pas (interro-négatif, réponse incertaine) (pp. 39, 40)
àbǎ bras (biceps) (p. 125)
àbàgan bracelet (p. 125)
àbǐ ou, ou bien (p. 46)
àbìkú enfant mort-né (p. 128)
àbìkúzɛ́n poterie pour le culte des enfants morts-nés (p. 128)
àblǎ pâte de haricots cuite à la vapeur (p. 65)
Abláwá nom de fille née un mardi (p. 87)
àblóò pain de maïs fermenté (p. 64)
ablù obscurité (p. 77)
ablumɛ̀ dans l'obscurité (p. 77)
abɔbɔ̀ cassoulet de haricots (pp. 64, 68, 99, 100)
abɔkún, abɔ̀ sorgho (pp. 64, 81, 120)
àbɔxwisùn novembre (p. 81)
ǎcé, ǎé ne pas donc (interro-négatif, réponse positive) (pp. 38, 40)
ǎcejí marque de l'interrogation indirecte (p. 52)
àdà excréments (p. 62)
àdàdò les WC (p. 62)
àdaɖé demi, moitié (p. 61)
àdǎn force, colère (p. 86)

àdàn-nyí, nom fort (p. 86)
àdìì or, alors que (opposition) (p. 46)
Adònɔ̀ nom de famille (des tisserands) (p. 124)
àdɔgwinxì marché de Kana (p. 72)
àdɔ̂kpò, akpò sac, poche (p. 129)
àdrà malheur (p. 19)
àdrù coco vert (p. 66)
àɖǐ savon (pp. 62, 84)
aɖísíxwé, ɖisíxwé à droite (p. 60)
àɖɔ̌ urine (p. 106)
àɖɔ̀vívá diabète (p. 106)
àɖǔ dent (p. 131)
afàtóón mille (p. 35)
afɛnɛ̀ huit cents (p. 35)
afɔ̀, fɔ̀ pied (pp. 26, 115)
afɔɖé deux cents (p. 35)
afɔtòn quinze (p. 34)
afɔtòn–nukún-ɖokpo seize (p. 34)
afɔtòn-nukún-wè dix-sept (p. 34)
afɔví orteil (p. 26)
afɔwè quatre cents (p. 35)
Àfyáví nom de fille née un vendredi (p. 87)
afyɔ́n malheur, angoisse, difficulté (p. 118)
Àgasú ancêtre mythique de la dynastie d'Allada, Abomey et Port Novo (p. 112)
àgbǎ canon, fusil (p. 110)
agbǎn vase, assiette (p. 127)

àgbàn charge, bagage, marchandise, colis, cadeau (pp. 54, 74, 95, 96, 129)

àgbànlín biche, antilope, gazelle (p. 122)

àgbànxasùn panier à bagages (p. 129)

àgbasá antichambre, salon (p. 113)

àgbò bélier (p. 122)

àgbǒ portail, fossé, enceinte (p. 84)

àgbògúdò à l'extérieur de l'enceinte (p. 85)

àgbògúdonù (péjoratif) les "provinciaux" (p. 85)

àgbòmɛnù originaire d'Abomey (pp. 27, 55)

àgidà, àglɔkpò baguette pour battre le tambour (p. 117)

àglò sac (à main), porte-documents (p. 129)

àgluzà porc (p. 122)

àgoò pardon, laissez passer (pp. 58, 59, 108)

àgòn, àgɔ̀n ananas (pp. 66, 108)

àgonkɛ́ noix de coco (pp. 66, 122)

àgontè palmier rônier (p. 85)

àgɔ̀ à l'envers, à rebours (p. 88)

àgɔnfló peau d'ananas (p. 108)

àgɔnkɛ́ɖɔ̀ racine de cocotier (p. 107)

àgɔ̀nmà, àgɔ̀nkɛmà feuille de cocotier (p. 128)

àgɔ̀nkɛtín cocotier (p. 122)

Àgɔ̀sì nom de fille née par le siège (p. 88)

Àgɔ̀sú nom de garçon né par le siège (p. 88)

àgŭn igname pilée (p. 64)

àgùn cercle de danse (p. 115)

àgùn-mɛ̀ dans le cercle de danse (p. 115)

àgùntó en dehors du cercle de danse (p. 115)

àhàn boisson, alcool (pp. 46, 71, 95, 115)

ahan-syɛ́nsyɛ́n boisson forte, alcoolisée (p. 71)

ahan-fífá boisson fraîche (p. 71)

ahan-nu-mú–nòn ivrogne, alcoolique (p. 71)

àhè non-initié (p. 113)

àhòwé sorte de cola (Garcinia Cola) (p. 95)

àhwanɛ́ pigeon (p. 123)

àhwlì jeune fille, demoiselle (p. 101)

Àhwlikpɔnúwà nom d'une princesse légendaire de la cour royale d'Abomey (p. 101)

àĭzàn dieu protecteur des marchés (p. 72)

aizɛ́n six (p. 62)

àjà (jà) cage (en général) (p. 129)

àjàkotwé petite cage (p. 129)

àjalalazɛ́n poterie pour le culte des enfants morts-nés (p. 128)

àjǎxì marché des Aja résidant à Abomey (p. 72)

àjàxigbè jour du marché des Aja (p. 78)

ají marque de l'interrogation indirecte (p. 52)

àjì accouchement, enfantement (p. 97)

àjìzuntɔ́ stérile (pour une femme) (p. 97)

àjɔ̌ commerce (p. 74)

àjɔ̀nú marchandises (p. 74)

àjɔ̀tɔ́ commerçant(e) (p. 74)

akánmà lit (p. 62)

akasá, kansán pâte de maïs fermenté (pp. 28, 67, 69)

aklì gale (p. 106)

Àklúnɔ̀ Seigneur-Dieu (p. 79)

àklúnɔzangbè jour du Seigneur, dimanche (p. 79)

akɔ̀ natte de plusieurs épaisseurs, sorte de matelas (p. 129)

akɔ famille, lignage (pp. 86, 91, 92, 106, 112)

akɔ-nyí nom de famille (p. 86)

(à)kpá côté, à côté de (p. 42)

akpagbé enterrement provisoire (p. 110)

akpasá, kpasá baobab (p. 85)

àkɔ́n poitrine (p. 137)

Àkwáví nom de fille née un mercredi (p. 87)

àkwɛ́, kwɛ́ argent (pp. 47, 61, 74)

àkwɛnɔ̀ un riche (p. 74)

àkwɛta capital financier (p. 74)

àkwɛ́zínzán dépense d'argent (p. 108)

Aladà ville d'Allada (p. 84)

alagáà la gare (p. 60)

alɛdatɔ́ assassin (p. 84)

alɛdatomɛ̀ pays des assassins (p. 84)

alìn, alin-mɛ̀ hanche, bassin (p. 137)

alì, alixò, alitó chemin, route (pp. 54, 57, 89, 91, 120)

Alimanyíɖókpó nom (proverbial) de personne (p. 91)

alitɛ́ quel chemin ? (p. 60)

Alixonú nom de garçon né sur le chemin (p. 89)

Alixosì nom de fille née sur un chemin (p. 89)

àlǒ ou bien (pp. 46, 61)

alɔ̀ main (pp. 100, 123)

alɔnúzɔ́ activité manuelle (p. 123)

àlǔn sécheresse (p. 80)

àlunsùn janvier (p. 80)

amà feuille (p. 105)

amasìn médicament, décoction (p. 105)

amasinɖatɔ́ pharmacien (p. 107)

amì huile (p. 84)

amivɔ, amivɔvɔ huile rouge, huile de palme (pp. 108, 121)

amíwɔ́ pâte à l'huile rouge (p. 64)

amlongɔ́ (amlòn) sommeil (p. 62)

àmɔ̌ mais (p. 46)

amyɔxwé à gauche (p. 60)

anatɔ́ roturier, homme du peuple (p. 119)

ani quoi, qu'est-ce que ? (pp. 39, 40, 55, 73)

aniwɛ jɛ̀ bɔ̀ pourquoi, qu'est-ce qui s'est passé pour que.. (pp. 40, 41)

aniwɛ zón bɔ̀ qu'est-ce qui fait que ? (pp. 40, 41)

aniwú pourquoi (pp. 39, 40, 41)

aniwútú pourquoi (pp. 39, 40, 41)

ankóò uniforme de fête (p. 67)

ànɔ̌ seins (p. 138)

ànɔ̀kàn "seins-cordes", seins longs et flasques (p. 138)

anyà ragoût, purée (p. 64)

(à)sá cuisse, au pied de, sous (pp. 41, 42)

asì, sì épouse, femelle (pp. 26, 55, 88, 93, 94, 113)

Àsíbá nom de fille née un dimanche (pp. 39, 87)

Àsíbánɔ̀ mère de Asiba (p. 90)

Àsíbátɔ́ père de Asiba (p. 90)

asibyɔ́byɔ́ demande en mariage (p. 95)

asicenɔ̀, asienɔ̀ ma belle-mère, mère de ma femme (p. 93)

asice-nɔví–nyɔ̌nù ma belle-sœur, sœur de ma femme (p. 93)

asice-nɔví–súnù mon beau-frère, frère de ma femme (p. 93)

asicetɔ́, asietɔ́ mon beau-père, père de ma femme (p. 93)

asididà le fait de prendre une femme, mariage (p. 94)
asikplíkplá action d'emmener l'épouse, noce (p. 96)
àslɔ́, àsrɔ́ pomme sauvage (p. 66)
àsɔ̀, asɔklé perdrix (p. 122)
asɔgo castagnettes (p. 110)
àsú, sú époux, mâle (pp. 26, 88, 93, 94)
àsúcenɔ̀, àsúenɔ̀ ma belle-mère, mère de mon mari (pp. 93, 94)
àsúce-nɔví–nyɔ̌nù ma belle-sœur, sœur de mon mari (pp. 93, 94)
àsúce-nɔví–súnù mon beau-frère, frère de mon mari (pp. 93, 94)
àsúcetɔ́, àsúetɔ́ mon beau-père, père de mon mari (pp. 93, 94)
àsudidà le fait de prendre un mari, mariage (p. 95)
àtá beignet de haricot (pp. 19, 65, 66, 68)
atagán grand-oncle paternel (pp. 93, 94)
àtán barbe (p. 20)
àtákún poivre de Guinée (p. 95)
atàn vin de palme (p. 71)
ataví petit oncle paternel (p. 93)
atɛ̀ plateau en vannerie (p. 119)
atì sac (de jute) (p. 129)
àtín arbre, bois (pp. 42, 105, 125, 126)
àtínkan corde végétale, liane (p. 128)
àtínkɛn médicament, comprimé (p. 105)
àtínkpatɔ́ sculpteur (p. 126)
àtínkpíkpà sculpture sur bois (p. 125, 126)
àtínsínsɛ́n fruits (p. 122)
àtínxwlɛtɔ́ menuisier (p. 126)
Àtínwemɛ̀ ville d'Athiémé (p. 85)
atòn trois (p. 34)
àtóón cinq (pp. 33, 73)

àvalú hommages, respects (pp. 59, 114, 115)

àvivɔ̀ froid (p. 81)

àvivɔsùn août (p. 81)

àvɔ̀ tissu, pagne (pp. 96, 102, 109)

avɔ̀gán grand tissu, pagne spécial pour enterrement (linceul) (p. 109)

avɔkanfún coton (p. 121)

àvɔ̀kótɔ́ brodeur (p. 124)

àvɔlɔn-nú métier à tisser (p. 124)

àvɔlɔntɔ́ tisserand (p. 124)

àvɔnɔ̀ vendeuse de tissus (p. 90)

àvɔtɔtɔ́ couturier, tailleur (p. 124)

àwǎ joie (pp. 114, 115)

àwàjijɛ̀ réjouissances, manifestations de joie (pp. 114, 115)

àwî chat (p. 98)

àwòbóbó acclamations, clameurs (p. 115)

àwɔ̌n pet (p. 101)

awù chemise (pp. 43, 124)

axì, aximɛ̀ marché (pp. 61, 71, 72, 74, 101, 108)

axiɖiɖè le marchandage (p. 73)

axigà intervalle entre deux marchés (p. 79)

àxigbè jour de marché (p. 75)

axisì vendeur, vendeuse (p. 74)

axisinɔ̀ client, fournisseur habituel (p. 74)

àxɔ́ dette, crédit (p. 74)

àxɔ́sú, xɔ́sú roi (pp. 79, 80, 112, 127)

àxɔ́sú, àìxɔ́sú roi, roi de la terre (euphémisme et périphrase po[ur] désigner la variole) (p. 106)

àxɔ́súzángbè vendredi (pp. 79, 80)

àxɔ́ví prince (p. 119)

Àyàbá nom de fille née un jeudi (p. 87)

Àyàtɔ́, àyàtɔ́ famille des forgerons d'Abomey, forgeron (p. 125)

àyǐ la terre, le sol (p. 54)

ayì, ayikún haricot (pp. 64, 80, 128)

ayidosùn juin (p. 80)

àyìhón lever du jour, matin ("la terre s'éclaire") (pp. 54, 62)

àyǐjinjón le fait d'être assis (p. 54)

àyǐtèhɔ̀nu, àyìhínhón l'aube, le lever du jour (p. 77)

ayizɛ́n écuelle pour offrir des haricots (p. 128)

ayoma oignon (p. 121)

àzà couronne, chapeau, coiffure, plafond (pp. 129, 130)

àzagbagbà grand chapeau de jonc (p. 129)

Azaglɔ́gan conseiller du chef, officier de la couronne (p. 130)

àzalɔntɔ́, azablotó chapelier (p. 129)

àzǎn jour, journée (pp. 77, 79, 87)

àzǎngagbè mercredi (pp. 79, 80)

àzǎntonɖiè avant-hier (p. 76)

àzǎntongbè après-demain (p. 76)

àzě sorcellerie (pp. 98, 117, 119)

àzètɔ́ sorcier (pp. 98, 104, 119)

àzěxɛ̀ hibou (pp. 98, 117, 119)

àzîn arrachide (pp. 66, 68, 121)

àzîn ganví galette d'arachide (p. 66)

àzìn oeuf (p. 65)

àzinzɔnɔ̀ un malade, maladif (p. 105)

àzòn, àzɔ̀n maladie (pp. 65, 104, 105)

azongbó pamplemousse (pp. 65, 66)
àzɔ̌ travail (pp. 47, 54, 55)
àzɔ̀ tabac, fumée (pp. 121, 122)
àzɔkwɛ́ pipe (p. 122)
àzɔ̀nɖatɔ́ sorcier, empoisonneur (p. 105)
àzɔ̀ngbigbɔ̀ soin des maladies, guérison, fait de guérir (pp. 104, 105)
àzɔ̀ngblétɔ́, àzɔ̀ngbɔ́tɔ́ guérisseur, médecin (pp. 104, 107)
àzɔ̀nutɔ́ fumeur (p. 122)
àzɔ̀nvɔ (périphrase) lèpre (p. 106)
àzwi lapin, lièvre (pp. 63, 122)

Lettre B

ba, bà chercher (pp. 56, 57, 87)
bàdé nervure de branche de raphia (p. 128)
bad'eji en ajouter à (p. 57)
Báyí nom de fille née un samedi (p. 87)
bɛ̌ ramasser, attraper (p. 105)
bìsésé tout à fait, totalement (p. 105)
bǐ tout, complétement, totalement (pp. 19, 21, 44, 105)
blǒ faire (pp. 23, 39, 56, 98, 106, etc)
blòɖó, blò... ɖó arranger (p. 98)
bǒ talisman, amulette, gri-gri africain (pp. 88, 111)
bó, lobo et puis (pp. 45, 46, 55, 101)
bòcíɔ, bòcíɔ́vi statuette en bois (p. 126)
bòcíɔ́kpatɔ́ sculpteur de statuettes (p. 126)
bǒɖiɖí grigri efficace (p. 119)
bódó, b'adó pour, afin de, pour que (p. 47)

Bòjrɛnǔ nom de garçon né avec le cordon ombilical autour du cou et de la main (p. 88)
Bǒjɔ̀ nom de fille née avec le cordon ombilical autour du cou et de la main (p. 88)
Bokɔ́ nom de garçon né avec le cordon ombilical autour du cou (p. 88)
bokɔ́nɔ̀, bokɔ́ devin (pp. 89, 97, 104, 105, etc)
Bokɔ́sà nom de garçon né avec le cordon ombilical autour du cou (p. 88)
Bokɔ́sì nom de fille née avec le cordon ombilical autour du cou (p. 88)
bóná, b'á pour, dans l'intention de (p. 47)
bónádó idem (p. 47)
bónú idem (p. 47)
Bǒsì nom de fille née avec le cordon ombilical autour du cou et de la main (p. 88)
Bǒsú nom de garçon né avec le cordon ombilical autour du cou et de la main (p. 88)
bòwíwà action de faire un grigri, un talisman, de jeter un sort (p. 118)
bɔ... dó fermer (p. 109)
bɔ, lobɔ̀ et, puis (p. 45)
bɔnu, bɔnudó fermer la bouche (p. 109)
byɔ̌ demander (pp. 58, 95)
byɔ̀byɔ́ demande, le fait de demander (p. 95)
byɔ̌gbè demander l'autorisation (p. 58)

Lettre C

cáà citronnelle (p. 68)
cáàmà feuille de citronnelle (p. 68)
cakátú fusil pour empoisonner à distance (p. 108)
cákí sac (en yoruba) (pp. 35, 61)
cákí ɖokpó mille francs (CFA) (pp. 35, 61)
cákí ɖokpó àdaɖé mille cinq cents francs (CFA) (p. 61)
cavì clé (pp. 19, 21, 22, 42)
cè mon, ma, de moi (pp. 30, 61, 93, 94, etc)
cɛ s'accomplir (pour un souhait) (pp. 57, 58)
cɛju ɖokpó une seconde (p. 78)
cí, xocí éteindre (p. 118)
cíví cuillère (p. 28)
cíɔ̀ un mort, un défunt, un cadavre humain (p. 109)
cíɔɖiɖi enterrement définitif (p. 110)
cíɔ́gbá cercueil (p. 109)
cíɔ́nu cérémonies funèbres (p. 109)
cíɔ́núwíwa célébration des funérailles (p. 109)
cíɔvɔ̀ linceul (p. 109)
có, cobɔ̀, cóbó mais (pp. 49, 50)
cobɔ̀ avant que (dans une subordonnée de temps) (p. 49)
cɔ́ surveiller, faire attention à (p. 23)
cyán choisir, ramasser (p. 99)

Lettre D

da prendre en location (p. 94)
dǎ père (pp. 93, 94)
dà tirer (fusil) (p. 110)
Dadá, Daá roi, grand-père (pp. 84, 92)
dadá grande sœur (pp. 90, 93)
dagà homme de grande taille et respectable (p. 90)
dàgbó grand-père (p. 93)
d'amlòn, dɔ̌ amlòn dormir (= "dormir le sommeil") (p. 62)
dàn serpent (pp. 112, 114, 127)
dàngbé python (pp. 127)
dangbézɛ́n poterie pour le culte du dieu serpent (p. 127)
Danxomɛ̀ Dahomey (actuel Bénin) (p. 85)
dǎnyɔ̌nù tante paternelle (pp. 92, 93, 94, 95, 113, etc)
dà-tú tirer (un coup) de fusil (p. 110)
davɔ̀ homme de "teint clair" et respectable (p. 90)
dàzɛ́n grande jarre pour la réserve d'eau fraîche (p. 127)
dě palmier, noix de palme (pp. 63, 98, 128, 129)
dèfɔxasùn panier spécial pour transporter des régimes de noix de palme (p. 129)
dégé vieillesse (p. 103)
degénɔ̀ vieillard (p. 103)
degénɔví vieille (p. 103)
děkàn palmeraie (p. 121)
děkín, děkwín noix de palme (pp. 98, 121)
děkpà nervure de branche de palmier (p. 128)
dètín palmier (pp. 98, 121)

désɛ́ɛ̀ dessert (p. 65)

devá, deví serviteur, acolyte (p. 113)

dɛ̌dɛ̌ doucement, lentement (p. 60)

dɛnú sauce gluante (p. 69)

didà le fait de prendre en location (pp. 94, 95)

didɔ́ le fait de dormir (p. 110)

dín trop, beaucoup (pp. 23, 44, 56, 73, etc)

din maintenant (p. 76)

dín, dǐn (verbe) passer, dépasser (p. 75)

dó pour, dans, à cause de, contre (pp. 57, 99, 119)

dǒ semer, devenir, lancer vers, monter dans (pp. 56, 61, 100, 10 116, etc)

dò trou, en bas (pp. 18, 19, 62, 88, 109, etc)

dǒ le mur (p. 18)

dǒ axì dire le prix, annoncer le prix (p. 73)

dódó très, vraiment (p. 44)

dǒ gbɛ̌ former un groupe, former une association (p. 100)

dǒ hàn entonner un chant (p. 116)

dòhǔn monter dans un moyen de transport (p. 60)

dǒkɛnklɛn demander pardon (p. 58)

dokɔ́ beignet de haricots moulus (pp. 65, 66, 68)

dòkú remercier (p. 56)

dokwín patate douce (pp. 68, 121)

dǒn là-bas (pp. 43, 59, 60, 61, 111)

Dosí nom de fille née après des jumeaux (p. 88)

Dosú nom de garçon né après des ,jumeaux (p. 88)

dosúzɛ́n poterie pour le culte d'un enfant né après des jumeau (p. 128)

dotóò médecin, docteur (pp. 28, 68, 104)
dotóxwé dispensaire, hôpital (pp. 104)
dòxó vieillir (pour les objets) (p. 103)
dɔ̌, dɔ́ dormir, passer la nuit (pp. 61, 110)
dɔkunnɔ̀ un riche (pp. 74, 106)
Dɔ̀lu nom d'une jumelle (p. 88)
Dɔminíkì Dominique (p. 28)
dɔ̌nkpɛ̀, dɔ̀nkpɛvú, dɔ̀nkpɛví jeune homme (p. 101)
dɔ̀nkpɛgán chef des jeunes (p. 101)
dɔ̀nkpɛvúmɛ̀ jeunesse (p. 101)
Dɔnviɖé nom d'une famille de sculpteurs (p. 125)
dǔkwì foulard (p. 96)
dùn, dà puiser (p. 127)
dúùn (idéophone) très bien (p. 111)

Lettre Đ

ɖà cuire, cuisiner (pp. 63, 105)
ɖà cheveux (p. 19)
ɖagbè bien, bon (pp. 40, 54, 55)
ɖànǔ cuisiner (p. 127)
ɖaxó grand, gros (pp. 31, 93, 96)
ɖè être (pp. 24, 39, 43, 56, 63, 105, etc)
ɖe (après un nom) un certain (p. 120, 144)
ɖěè... ɔ́ puisque, comme (p. 48, 49)
ɖé, ɖě un, un certain (p. 32)
ɖèaxì marchander, discuter le prix (p. 73)

ɖěbǔ n'importe quel (p. 49)

ɖésú vraiment, beaucoup (pp. 44, 56)

ɖètɛ́ lequel (pronom interrogatif) (pp. 39, 40)

ɖěvo autre, un autre (p. 32)

ɖěvo lɛ d'autres (p. 32)

ɖè wefɔ̀ faire des pas de danse (p. 115)

ɖɛ̌ langue (l'organe) (pp. 20, 109)

ɖɛ̀ prière (p. 114)

ɖɛ̌ raphia (p. 128)

ɖɛ̌kàn fil de raphia (p. 128)

ɖɛkpɛ̀ beau, jeune (p. 32)

ɖɛ̀tín palmier raphia (p. 128)

ɖɛxixò action de prier, prière (p. 114)

ɖì croire, être efficace (pp. 51, 111, 119)

ɖiɖà (adj.) cuit, cuisiné (pp. 64, 65, 66)

ɖiɖè le fait d'enlever (p. 111)

ɖiɖì croyance, fait de croire, fait d'être efficace (pp. 111, 119)

ɖíè voici (pp. 21, 45, 62)

ɖisà bien se vendre (p. 74)

ɖǒ placer, disposer, attribuer à (provoquer) (pp. 105, 119)

ɖò être (pp. 24, 40, 41, 42, 43, etc)

ɖǒ avoir, posséder (pp. 35, 61, 98, 119)

ɖó parce que, car (pp. 46, 48)

ɖokpó, ɖě un, un seul (pp. 34, 61, 82, 91)

ɖotè arrêter, cesser, retenir, désigner (p. 113)

ɖòtè être debout, être présent (p. 130)

ɖɔ̀ racine (p. 107)

ɖɔ̀ dire (pp. 23, 39, 50, 51, 52, etc)

ɖɔhùn comme (semblable à) (p. 50)

ɖɔlà ɖokpó cinq francs (= un dollar) (p. 35)

ɖɔlà wěwè soixante francs (= douze dollars) (p. 35)

ɖù manger (pp. 22, 39, 44, 52, etc)

ɖù agbàn faire faillite (p. 74)

ɖù axɔ́ s'endetter (p. 74)

ɖù àzě devenir sorcier (p. 119)

ɖù lè faire du bénéfice (p. 74)

ɖù nǔ manger quelque chose, manger (pp. 45, 63, 100)

ɖǔwè danser (p. 115)

ɖù xwè fêter (p. 77)

ɖyɔ̀vǐ jeune fille, demoiselle (p. 101)

ɖyɔ̀vǐmɛ̀ jeunesse féminine (p. 101)

Lettre E

è on (pp. 29, 99)

é il, elle, cela, celui (pp. 21, 23, 29, 32, 41, 42, 43, 44, 46, etc)

éɖàbɔ̀ au revoir (emprunt yoruba) (p. 55)

éɖé lui-même (c.o.d. d'un verbe) (p. 23)

éè... ɔ́ puisque, comme, quand (pp. 48, 49)

egbe aujourd'hui (pp. 61, 75, 76)

élɔ ce, ceci, cet (pp. 32, 33)

élɔlɛ ceux-ci (pp. 32, 33)

émi, emilɛ̌ lui, lui-même (p. 29)

Emílù Emile (p. 28)

énɛ cela, cet (p. 28)

énɛlɛ ces, ceux-là (pp. 32, 33)

ényí... ɔ´ si (condition, hypothèse) (p. 48)

ényɔ́ c'est bon, d'accord (p. 62)

éǒ non (pp. 37, 38, 60)

ésù, éyì jusqu'à (p. 62)

étɛ́ quoi, quelle chose, qu'est-ce que (pp. 24, 39, 40, 52, 56, 63)

étɛ́wú, étɛ́wútu pourquoi (p. 42)

éyɛ, éé lui, elle (p. 29)

éyɛ ce, cet, ceci (p. 32)

eyɛtòn, éétòn le sien, à lui (p. 30)

éyɛlɛ ces, ceux-ci, ceux-là (p. 32)

éyì, ésù jusqu'à (p. 62)

Lettre Ɛ

ɛ̀ le, lui, la (variante de **è**) (pp. 29, 46)

ɛɛn, uun oui (pp. 40, 55, 60)

ɛ̀nɛ̀ quatre (p. 34)

Lettre F

fá (verbe) devenir frais, être frais (pp. 32, 58, 76)

Fá dieu de la divination (pp. 97, 98, 104, 112, 115, 121, 131)

faàn (idéophone) suggère une blancheur excessive (p. 44)

fádé noix de palme spéciale pour la consultation du Fá (p. 121)

fáká calebasse pour consulter le Fá (p. 131)

fevi gombo (pp. 63, 121)
fɛ́ frais, non encore séché (produits agricoles) (p. 64)
fɛcúàdà purée de haricots (p. 67)
fɛ́n jonc (p. 128)
fɛ́nɖɔ̀ natte légère (p. 129)
fɛnyɛ̀ manioc (pp. 28, 67, 121)
fí ici (pp. 19, 49, 60, 61)
fíɖé quelque part, **fíɖé ǎ** nulle part (pp. 37, 38)
fíɖě là où (p. 57)
fífá frais, fraîche (pp. 32, 71)
fifò action de disparaître de façon magique (p. 118)
fífóbó grigri pour disparaître mystérieusement (p. 118)
fitɛ́ où, à quel endroit (pp. 39, 40, 44, 60, 61, etc)
fitɛ́nù d'où (origine, provenance) (p. 55)
fiti ǎ nulle part (pp. 37, 38)
flan ɖokpó un franc (p. 35)
flè forge (en plein air)(p. 125)
flesá, flexɔ́sá forge (sous abri) (p. 125)
fletuntɔ́, àyàtɔ́ forgeron (p. 125)
fletuntùn action de forger (p. 125)
flexɔ́sá, flesá forge (sous abri) (p. 125)
fò disparaître de façon magique (p. 118)
fofó grand frère (pp. 40, 90, 93)
fón se réveiller, se lever, réveiller quelqu'un (pp. 54, 55, 58, 62)
fongbè la langue fon (pp. 7, 17)
foò (idéophone) suggère une blancheur excessive (pp. 41, 44)
fulà, filà chapeau (p. 130)
fún poil, ouate, fibre (p. 20, 121)

Lettre G

galí gari (p. 68)
galíwɔ́ pâte de gari (p. 64)
gǎn, gán chef, roi, grand (pp. 92, 93, 94, 109, 113, 120, 130)
gàn fer, sonnerie, heure, rythme (pp. 42, 61, 62, 78, 109, 117)
gankókó gond à double timbre (p. 110)
gànkpànvǐ gong jumelé (p. 117)
gankúnɔ̀ mauvais danseur, mauvaise danseuse (p. 117)
ganmɛnù l'homme du fer (forgeron) (p. 125)
gansísè le fait de savoir danser (p. 117)
gantín cuiller (p. 28)
gantuntɔ́ forgeron (p. 125)
gantuntùn travail du fer (p. 124)
ganví anneau, bracelet, bijou (pp. 96, 125)
ganvíblótɔ́ bijoutier (p. 125)
ganxixò heure (sonnante) (p. 78)
gègé plusieurs, beaucoup (pp. 26, 45)
gì pâte de maïs fermenté (p. 69)
gìwɔ́ pâte fermentée (p. 64)
glàséma pourpier (p. 107)
glè, gelè, gleta champ (pp. 27, 55, 120)
glelɛtɔ́ cultivateur, paysan, laboureur (pp. 27, 120)
glesì paysan voué à la culture (p. 120)
gleta, glè, gelè champ (pp. 27, 55, 120)
gletanù campagnard, "péquenot" (p. 120)
Glexwé ville de Ouidah (= maison des champs) (pp. 55, 113)
glezɔ́ travaux des champs (p. 120)

glɛ̀n taro (tubercule) (p. 121)

glǒ résister, se défendre, échapper (p. 118)

glǒ talisman pour se défendre, antidote, contre-poison (p. 118)

glɔ dessous, au-dessous, sous (p. 42)

gò bouteille (pp. 19, 20)

gogó fesses arrondies (pp. 101, 137)

gosǐn, gosín quitter, venir de (pp. 55, 61)

gòtà grosse gourde pour la musique (p. 131)

gɔ̀dɔ̀ bouillie de maïs fermenté (p. 68)

griyà grillade (p. 65)

gǔ, ògǔ dieu du fer (pp. 79, 112)

gǔdò derrière, arrière (pp. 36, 42)

gúdóɔ́ après que (p. 49)

gudotòn dernier (p. 36)

gudù lèpre (p. 106)

gùsí sésame (pp. 63, 121)

gùzangbè mardi (p. 79)

gyankpa coupe-coupe (p. 125)

Digraphe Gb

gbǎ caisse, malle (p. 109)

gbà casser, se casser (p. 70)

gbàdà soirée, soir (pp. 54, 70, 78)

gbadanu soir (pp. 61, 78)

gbadanúɖuɖù dîner, repas du soir (p. 70)

gbadawɔ́ pâte du soir (p. 70)

gbadé maïs (pp. 19, 64, 120)

gbadéganví galette de maïs (p. 66)

gbadéwɔ́ pâte de maïs (p. 64)

gbàgbá bouc (p. 123)

gbàkún chapeau, couvre-chef (p. 129)

gbàn trente (p. 34)

gban-àtóón trente-cinq (p. 34)

gban-àtóón-nukún-wè trente-sept (p. 34)

gbè voix (pp. 53, 59, 95, 119)

gbè particule indiquant le lieu, le jour (pp. 61, 78)

gbé particule indiquant le but (p. 47)

gbě herbe, brousse, champ, chasse (p. 122)

gbedomɛ̀ salutation (p. 53)

gbeɖé jamais (p. 36)

gbeɖé ǎ ne jamais (pp. 36, 38)

gbègluzà sanglier (p. 122)

gbělàn, gbèmɛ́làn, gbèkanlìn gibier (p. 122)

gbenɛ́gbè l'autre jour, ce jour-là (p. 57)

gbènyatɔ́, gbètɔ́ chasseur (p. 122)

gbetɛgbè quel jour ? (p. 76)

gbèyíyí acceptation, accord (p. 95)

gbɛ̀ la vie, le monde, le bonheur (pp. 54, 56, 76)

gbɛ̌ (verbe) refuser, dire non (pp. 73, 121)

gbɛ̌ (nom) groupe, association (pp. 99, 100)

Gbɛkɔ̀n quartier des tisserands d'Abomey (p. 124)

gbɛmɛ atmosphère, nature (p. 76)

gbɛtɔ́ homme (au sens d'être humain) (p. 32)

gbigbò, gbugbò action de couper, d'attaquer (p. 116)

gble, gblě gâter, pourrir, arrêter ou guérir une maladie (p. 105)

gbo (particule collée à la fin d'un nom) grand (p. 113)

gbò couper, attaquer (pp. 116, 119)
gbò azɛ̌mɛ̀ ensorceler quelqu'un (p. 119)
gbòwè attaquer sérieusement la danse (p. 116)
gbòn passer par (pp. 43, 60, 101)
gbon-ɔ́, gbon-é (précédé de **lě-è**) indique la manière (p. 50)
gbɔ̀ arrêter, cesser, pardonner, guérir (pp. 57, 105)
gbɔ̌ mouton, chèvre (caprin) (pp. 63, 73, 99, 100, 123)
gbɔ̀lan viande de caprin (p. 63)
gbɔ́tèmí écoute-moi, fais ce que je veux, talisman (p. 118)
gbɔ̌xì marché aux moutons à Bohicon (p. 73)

Lettre H

hǎ rasoir (p. 19)
hǎn, han manquer de, manquer à (pp. 47, 109)
hàn (òhàn) chant (pp. 110, 114, 116)
hanjíjì action de chanter (p. 116)
hanjítɔ́ chanteur (euse) (p. 116)
hankpámɛ̀ enclos pour la classe de chants (p. 116)
hankpatɔ́ compositeur de chants (p. 116)
hansinɔ̀ maître de chant (p. 116)
hɛ̀ɛ̀ (idéophone) suggère un rouge excessif (pp. 41, 44)
hɛ̀n tenir, garder (p. 58)
hɛ̌nù famille (pp. 70, 91, 92, 94, 95)
hɛ̌nugán chef de famille (pp. 70, 91, 92, 94, 113)
hɛ̀nuvodún déité du clan, de la famille (p. 112)
hihi fumé (adjectif) (p. 63)
hòn, hɔ̀n porte (pp. 20, 42)

hoò (idéophone) suggère une profondeur excessive (pp. 38, 44)
hǒxò jumeaux (pp. 87, 90, 128)

hòxónòn, hòónòn (hòxónɔ̀) mère de jumeaux (pp. 87, 90)

hòxótɔ́, hòótɔ́ père de jumeaux (p. 90)

hòxozɛ́n, hòxogbán poterie pour le culte des jumeaux (p. 128)

hɔ̀n, hòn porte (p. 20)

hɔ̌n nombril (p. 98)

hɔ̌nkàn cordon ombilical (p. 98)

Hɔnmɛ̀ palais royal d'Abomey ou de Porto-Novo (p. 124)

hú plus... que, comparatif de supériorité (pp. 50, 51)
hù tuer (p. 62)
hùn sang (p. 32)
hùn divinité, "vodún" (p. 113)
hun donc (p. 46)
hǔn moyen de transport (p. 60)

hǔn (òhǔn) tam-tam, battements du cœur, cœur (pp. 109, 110, 116)

hùndévá initié(e), voué(e) à une divinité (p. 113)
hùnɖotè postulant à l'initiation (p. 113)

hùngán gros tam-tam (p. 117)
hùngbónɔ̀ grand chef de divinité (p. 113)

Hunjlo, hunjro, hunjloxì marché central d'Abomey (pp. 73, 75)
hùnkpámɛ̀ couvent vodun (p. 113)

hǔn-nɔ̀ tam-tam moyen (p. 117)

hùn-nɔ̀ chef d'une divinité (p. 113)

hùnsì initié(e), voué(e) à une divinité (p. 113)
hùnsìkpɔkpɔ̀ jeune initié(e), néophyte (p. 113)

hùnsɔ́ jeune initié(e), néophyte (p. 113)

Huntɔnjí famille d'Abomey spécialisée dans la fabrication des obj de décoration en cuivre (p. 125)

hŭn-ví petit tam-tam (p. 117)

hùnxótɔ́ joueur de tam-tam (p. 117)

hùnxɔ̀ temple vodun (p. 113)

hùnxwé couvent (p. 113)

huzú changer (p. 105)

hwè soleil (pp. 27, 75, 82, 89)

hwè (verbe) être petit (p. 51)

hwèɖebŭnù à n'importe quel moment (p. 49)

Hwegbájà nom fort du roi d'Abomey qui règna de 1645 à 1685 (p. 91)

hwèjàyĭ après-midi (avancé) (p. 78)

hwelɛkɔ̀ début d'après-midi (pp. 27, 78)

hwèmɛ̀ midi (entre 12h et 15h) (p. 78)

hwemɛnúɖuɖù déjeuner, repas de midi (p. 69)

hwenù temps, époque, quand, lorsque (pp. 31, 49)

hwènuxó conte (pp. 70, 131)

hwènyìhwǎn plein midi (p. 78)

hwesú garçon né en plein midi (p. 89)

hwetɛ́nu quand ? à quel moment ? (pp. 39, 40, 55, 61, 75)

hweví, hwè poisson (pp. 63, 91)

hweyìxɔ̀ crépuscule (p. 78)

hwezívɔ́, hwezívɔ́zɔ̀n paludisme (maladie du sommeil) (p. 106)

hwezumɛ fille née en plein midi (p. 89)

hwɛ, hwi toi (pp. 29, 56, 101)

hwɛtòn le tien, à toi (pp. 30, 31)

Lettre J

jǎ friture de tomates, mélange d'huile et de son pour les die (pp. 68, 115)

jà (àjà) cage (p. 129)

j'ǎvalú (jǒ àvàlú) rendre hommage (pp. 59, 114)

jǎwè être en train de venir, d'arriver (pp. 23, 75)

jὲ, jɔ̀ arriver, se passer, tomber dans, se produire (pp. 40, 41, 43)

jɛ̀ sel (p. 84)

jɛ̀ (sansì) acheter (de l'essence) (s'emploie pour tout liquide) (p. 61)

jɛ̀te descendre (p. 61)

jì enfanter, produire (pp. 39, 97, 116)

jǐ, jìvǐ, jìví couteau (pp. 20, 91)

jǐ pluie (pp. 19, 21)

jǐ, jí en haut, dessus, sur, au-dessus de (pp. 42, 43)

jìhàn chanter (p. 116)

jijì enfantement, naissance (p. 97)

jìjó action de rendre (p. 116)

jimakplón impoli, mal élevé (pp. 27, 37)

jìnjón s'asseoir (p. 54)

jìvǐ, jìví, jǐ couteau (pp. 20, 91)

jlǎ, jàlá annoncer à la criée, publier, proposer à la vente (p. 130)

jló, jlǒ vouloir (pp. 51, 52, 62, 73)

jǒ rendre (pp. 59, 116)

jòdó laisser (p. 58)

jòxódó laisser tomber, ne pas en faire une histoire (p. 58)

jǒwè rendre la danse (p. 116)

jɔ̀, jɔhɔ̀n vent, air (p. 110)

jɔnù à l'air libre (p. 110)

jɔnúdídɔ́ le fait de dormir à l'air libre, veillée (p. 110)

Lettre K

ka marque l'insistance dans une interrogation (pp. 39, 105)
ká calebasse (pp. 19, 81, 99, 130, 131)
kágò petite gourde en calebasse (p. 131)
káká extrêmement (pp. 44)
kákpatɔ graveur de calebasse (p. 131)
kakpíkpà calebasse gravée, action de graver sur calebasse (p. 131)
kakpíkplé action de manger ensemble (de réunir les calebasses) (p. 131)
kalɛ... ǎ même pas (p. 46)
Kamadózò nom de famille (p. 90)
kàn (verbe) fouiller, éparpiller, consulter (l'oracle) (pp. 104, 105)
kán couper un morceau de (p. 81)
kàn corde, liane, fil (pp. 90, 121, 128)
k'ánǎ (kwanǎ) "merci pour hier" (du Yoruba) (p. 57)
kanbyɔ́ demander (pp. 52, 58)
kanɖé quarante (p. 35)
kanɖé-àtóón quarante-cinq (p. 35)
kanɖé-àtóón-nukún-atòn quarante-huit (p. 35)
kanɖé-wǒ cinquante (quarante+dix) (p. 35)
kanlìn animal (p. 123)
kanlingán chef des animaux, lion (p. 126)
kanumɔ̀ esclave (p. 120)
kansán pâte de maïs fermenté, "acassa" (p. 28)

kantòn cent vingt (p. 35)
kánusúnɔ̀ calebasse à couvercle (p. 131)
kanwè quatre-vingts (p. 35)
kanwezùn courir (p. 60)
kanxwébyɔ́ demander des nouvelles de la maison (p. 58)
káxwɛ̀ morceau de calebasse (p. 131)
kézè jour (p. 77)
kɛ́ɖɛ́ tout juste, stationnaire (p. 106)
kɛnklɛn pardon, de grâce, s'il te plaît (p. 58)
kɛ́nkún, kɛ́nkúntín goyave, goyavier (pp. 66, 108, 122)
kɛnví sac en jonc (p. 129)
kiklo le fait de grossir (p. 31)
kikò le fait de rire (p. 27)
kinikíní lion (p. 126)
kinkélíba plante de décoction contre le paludisme (p. 107)
klazîn pétrole (p. 28)
klé citron (pp. 65, 66, 122)
klétín citronnier (p. 122)
klɛklɛ galette de maïs (p. 66)
kó broder (p. 124)
klǒ grossir, gros, être gros (pp. 23, 31)
kloklo gros (p. 31)
klɔ́ laver (p. 100)
kò rire, se moquer (p. 27)
ko déjà (marque l'accompli) (pp. 22, 23, 25, 48)
ko vingt (p. 34)
ko-àtóón vingt-cinq (p. 34)
ko-àtóón-nukún-ɖokpó vingt-six (p. 34)
ko-àtóón-nukún-ɛnɛgɔ́ vingt-neuvième (p. 36)

ko-nukún-ɖokpó vingt-et-un (p. 34)

ko-nukún-wè vingt-deux (p. 34)

Kofí nom de garçon né un vendredi (pp. 36, 37, 38, 39, 40, 43)

Kofítɔ́ père de Kofi (p. 90)

koklô, kokólò poulet (p. 26)

koklokɔ́àsí au premier chant du coq (p. 78)

kokló–sì poule (p. 26)

kokló–sú coq (p. 26)

koklosúdɛ̀nkpájɛ́ plante médicinale (p. 107)

kokó bouillie de maïs fermenté (p. 68)

kokwé banane (p. 66)

kòmɛ̀ se moquer de quelqu'un (p. 27)

kón dégager, découvrir (p. 76)

kɔ̀ le cou (p. 21)

kɔ́ sable, terre (pp. 114, 127)

kɔ́gbán vase en terre (p. 127)

kɔ́gbɛ́n assiette en faïence (p. 127)

kɔjó nom de garçon né un lundi (p. 87)

kɔkú nom de garçon né un mercredi (p. 87)

kɔ́là cravate (p. 28)

kɔmlá nom de garçon né un mardi (p. 87)

kɔoví nom de garçon né un jeudi (p. 87)

kɔómlá nom de garçon né un samedi (p. 87)

kɔsí nom de garçon né un dimanche (p. 87)

kú (verbe) mourir (pp. 43, 48, 109)

kú, òkú la mort (pp. 20, 108, 109)

kú, okú salut, remerciements (du Yoruba) (pp. 53, 54, 56, 57, 58, 101)

kúǎbɔ̀, k'ǎbɔ̀, kwǎbɔ̀ "bonne arrivée", bienvenue (p. 54)

kúdídó remerciements (p. 56)

kúɖɛ̌ être muet (p. 109)

kúgàn ne pas savoir danser (pp. 109, 117)

kúhǔn être patient (p. 109)

kúkú mort (adjectif) (p. 81)

kulé salut pour être resté à la maison (du Yoruba) (p. 55)

kún... ó ne... pas (négation forte) (pp. 37, 38)

kún... ó ne... pas (au style indirect) (pp. 37, 38)

Kútɔnu ville de Cotonou (pp. 23, 24, 27, 43, 45, 46, etc)

Kútɔnutɔ́ originaire de Cotonou (p. 24)

kúwǔ être triste (p. 109)

kúxwé cimetière (p. 109)

kwɛ́ (àkwɛ́) argent (pp. 47, 50, 61, 121)

kwicɛ salut pour le travail (du Yoruba) (p. 57)

kwín grain, graine, pépin, noyau (pp. 99, 100)

Digraphe Kp

kpá palissade, clôture (pp. 108, 113, 116)

kpà peler, tailler, ciseler (pp. 116, 126)

kpàhàn composer des chansons (p. 116)

kpákpá canard (p. 123)

kpámɛ̀ enclos (pp. 56, 62, 113, 116)

kpátín arbuste pour faire les palissades, les haies (p. 108)

kpàtín sculpter le bois (p. 126)

kpátíndɛhún arbuste servant à faire les clôtures, feuilles médicinal (p. 108)

kpé rencontrer, joindre (p. 81)

kpetè flûte (p. 110)

kpezɛ́n grosse jarre (pour la musique de percussion) (p. 110)

kpɛ battement des mains, applaudissements, remerciements (pp. 56, 58)

kpɛ̀n papaye, **kpɛntín** papayer (pp. 66, 107, 122)

kpɛ́n toux (p. 106)

kpɛ́nwé tuberculose (p. 106)

kpɛdido remerciements (p. 56)

kpɛví petit, minuscule (pp. 31, 93, 95, 120)

kpikpà action de peler, de tailler, de ciseler (pp. 116, 126)

kpíkplá action d'emmener (p. 96)

kpíkpò, kpúkpò vieillesse (p. 103)

kpíkpómɛ̀ état de vieillesse (p. 103)

kpínkpón le fait de regarder (pp. 27, 47)

kplá emmener avec soi, porter sur soi (p. 96)

kplé réunir, rassembler (p. 131)

kplé, kplékplé, kpíkplé réunion, action de réunir (p. 131)

kpléjlèkún clou de girofle (p. 107)

kplékáxámɛ̀ manger ensemble avec quelqu'un (p. 131)

kplón-ma-sè malappris (= éduquer-pas-entendre) (p. 37)

kplón éduquer, étudier (p. 37)

kpò (verbe) vieillir (p. 103)

kpò bâton (p. 19)

kpò garder, réserver, ne pas terminer **e kpò** il en reste (pp. 75, 131)

kpó... kpó avec, et (p. 63)

kpòkánúmɛ̀ garder, réserver une part de nourriture pour quelqu'un (p. 131)

kpón ǎ ne jamais (p. 37)

kpón, kpɔ́n regarder (pp. 29, 43, 46, 62, etc)

kpɔ̀ (verbe) être bon marché (pp. 61, 73)

kpɔ̀ panthère (pp. 15, 23, 27)

kpɔ́n-nǔ regarder un spectacle (p. 116)

kpɔ́ùn "pound" (anglais) (p. 73)

kpɔ́ùn ɖokpó vingt-cinq francs (p. 35)

kpɔ́ùn ɛnɛ̀ cent francs (p. 35)

kpɔ́ùn wè cinquante francs CFA (2 X 25) (p. 35)

kpɔkpɔ̀ tout frais, fraîchement (p. 113)

Lettre L

lamisì, lamisigbè jeudi (p. 79)

làn viande (p. 63)

lè bénéfice (pp. 19, 74)

lěè comme, ainsi que (comparaison) (pp. 48, 50)

lèhwénú maintenant, ce moment-ci (p. 45)

léké canne à sucre (p. 66)

lɛ̀ (se) laver - **lɛ̀wǔ** se laver (le corps) (p. 62)

lɛ̀ cultiver - **lɛ̀ glè** cultiver le champ (pp. 21, 27, 55)

lɛ́ marque du pluriel (pp. 26, 40)

lɛ̌ retourner, tourner - **lɛ̌-kɔ̀** tourner le cou (p. 27)

Lɛ̌gbà (tolɛgbà) dieu lare, protecteur des habitats (pp. 112, 115)

lɛ̀glè cultiver le champ (p. 120)

lɛ̀ngbɔ̌ (gbɔ̌) mouton, caprin (p. 123)

lɛ̀ngbɔ́sì brebis (p. 123)

lɛ̀ngbɔ́sú bélier (p. 123)

lɛ̀ngbɔ́ví agneau (p. 123)

lɛsì dentelle, broderie anglaise (p. 28)

lɛtríkì électricité (p. 28)

lidosùn avril (p. 80)

likún, lì petit mil (pp. 64, 80)
lìlɛ́ (lɛ̀ɛ́) tourner (p. 60)
lǐma mandarine (p. 66)
lǐmù beurre de karité (p. 107)
lǐn être loin, tarder (pp. 60, 61)
lìn penser, imaginer (p. 89)
línfín farine (p. 64)
línfínwɔ́ pâte de farine (p. 64)
linlɔ̀n tissage, action de tisser ou tresser (p. 124)
Lisà divinité Lisà (pp. 112, 127)
lisazɛ́n poterie pour le culte de la divinité Lisà (p. 127)
liyasùn juillet (p. 81)
lo et ? (marque l'interrogation dans les salutations) (pp. 40, 41, etc)
ló marque du souhait, du conseil (p. 23)
loɔ̀ mais (p. 46)
lobo, lobɔ̀ et (pp. 45, 46)
lǔtù deuil (p. 111)

Lettre M

ma particule de négation forte (pp. 37, 38, 97)
ma sans, ne pas (p. 38)
ma... à n'est-ce pas que ? (pp. 37, 38, 40)
ma... ǎ ne... pas (dans une subordonnée) (pp. 37, 38, 46)
ma... gɛ́ même pas, pas même (pp. 37, 38)
ma... nɛ́ ne... pas (avec insistance) (pp. 37, 38)
ma... ó ne pas (interdiction) (pp. 37, 38, 47, 52)
mǎ légumes (feuilles, épinards) (pp. 19, 63, 121)

mǎgà mangue (p. 66)

majìdě̀nɔ̀ stérile (pour une femme) (p. 97)

màlan, mlǎn rouler, enrouler, louer, glorifier (pp. 91, 114)

mamá grand-mère (p. 93)

mǎsà beignet de pâte de maïs fermenté (p. 66)

matíntɔ́ qui n'existe plus (mort) (p. 109)

Mǎwǔ Dieu (pp. 23, 57, 58, 83, 111, 112, 127)

maxí région de Savalou et ses habitants (p. 73)

mɛ une personne, un être humain (pp. 53, 56, 59, 99, 102, 103, etc)

Mɛ wì un Noir (p. 107)

mɛ̀ à, dans, à l'intérieur de (pp. 42, 43, 61, 62, 76, 77, etc)

mɛ̀ cuire, brûler (p. 126)

mɛ̌ qui ? quelle personne ? (pp. 39, 40, 57)

mɛ̌ wɛ̌ qui est-ce (qui) ? (pp. 39, 56)

mɛɖaxó grand personnage (p. 102)

mɛɖé ǎ ne... personne (**mɛɖé** une personne) (pp. 37, 38)

mɛkikò moquerie, le fait de rire d'une personne (p. 27)

mɛkúkú un mort (p. 108)

mɛtí ǎ ne... personne (pp. 37, 38)

mɛxó, mɛxóxó adulte (pp. 102)

mɛ̀zɛ̌n cuire la poterie (p. 126)

mì avaler (p. 105)

mì moi (p. 29)

mi vous (pp. 22, 29, 40, 42)

mǐ excréments (pp. 99, 100)

mǐ nous (pp. 21, 23, 29, 37, 46, 48, etc)

mǐ bǐ nous tous (p. 49)

miɔxì marché (du feu) à Kana (p. 72)

miɔxigbè jour du marché de Kana (p. 80)

mǐtòn notre, de nous (pp. 30, 31)

mitòn votre, de vous (p. 30)

mlàmlá, mlamla action d'enrouler, de citer les devises claniques et honorifiques d'une personne, de le louer (pp. 91, 114)

mlányǐ se coucher (pour dormir) (p. 62)

mɔ̀ voir, apercevoir, trouver (avoir) (pp. 46, 47, 48, 97, 104)

mɔ̌likún riz (pp. 64, 121)

mɔ̌to véhicule automobile, voiture (p. 28)

mɔ̀xò tomber enceinte (p. 97)

mǔ frais, pas cuit (p. 63)

myǎ être rouge, être mûr, mûrir (p. 41)

Lettre N

ná marque du futur (pp. 23, 25, 37, 46, 47, 48, etc)

nǎ donner (pp. 73, 89)

Nà princesse de la famille royale d'Abomey (pp. 15, 119)

nabí combien ? à combien ? (pp. 39, 40, 61, 73)

nafí petite tante maternelle (pp. 19, 93)

nagán grand-tante maternelle (p. 93)

nákí bois de chauffage (p. 87)

nawì femme de teint noir (p. 90)

nàwo dépense d'argent (yoruba) (p. 57)

nɛ voilà (pp. 21, 45, 101)

nɛ̌, nɛ̌ wɛ̀ quoi ? qu'est-ce (que) , comment ? (pp. 39, 40)

nɛ̌ gbòn, nɛ̀ wɛ gbòn pourquoi ? (pp. 39, 41)

nɛ̌... gbòn comment ? (pp. 39, 40)

nɛ̀ɛ́n verge (p. 97)

nɛ̀kúnɔ̀ impuissant (p. 97)

nɛ́núwi feuille pour faire la sauce gluante (p. 63)

ní marque du souhait, de l'ordre (pp. 23, 51, 52, 58)

nɔ marque de l'habitude (pp. 23, 25, 47, 60)

nɔ̀ rester, demeurer, habiter (pp. 55, 59)

nɔ̀ mère, possesseur (pp. 26, 27, 31, etc)

nɔcè ma mère (p. 93)

nɔcenɔ̀ ma grand-mère maternelle (p. 93)

nɔcenɔví frère ou sœur de ma mère (oncle ou tante) (p. 93)

nɔcenɔví nyɔ̌nù ma tante maternelle (p. 93)

nɔcenɔví súnù mon oncle maternel (p. 93)

nɔcetɔ́ mon grand-père paternel (p. 93)

nɔví frère ou sœur (p. 93)

nɔvíce mon frère ou ma sœur (p. 93)

nɔví nyɔ̌nù sœur (p. 93)

nɔví súnù frère (p. 93)

nɔcíɔvi orphelin(e) de mère (p. 109)

nɔ̀tè rester debout, attendre (pp. 46, 60)

nǔ chose (remplace tous les mots dans les composés (pp. 56, 62, 98)

nu bouche, bord, bout (pp. 42, 86, 109)

nù particule marquant l'origine, la provenance, le bord (p. 27)

nù boire, avaler, fumer (pp. 23, 24, 46, etc)

nu à (préposition) (p. 51)

nú particule marquant le but, le bénéficiaire
(pp. 47, 56, 57, 58, 105, 114, etc)

nú... má... ó pour que... ne... pas (p. 47)

nú... ó particule marquant la condition (p. 48)
nùɖé ǎ ne... rien (pp. 37, 38)
nùɖiɖì croyance, le fait de croire (p. 111)
nùɖúɖú aliment, nourriture (pp. 65, 68)
nùkíkó broderie (p. 124)
nukòn devant, avant, front (pp. 36, 42, 101)
nukontòn premier (p. 36)
nùkótɔ́ brodeur (p. 124)
nùkpínkpɔ́n spectacle (p. 116)
nùkpɔntɔ́ spectateur (p. 116)
núkúmɛ̀ visage, figure (p. 31)
nùkún grain, graine, céréale (p. 120)
nukún œil (p. 78)
nukún-xwíxwè action de fermer l'œil une fois, de ciller (p. 78)
nùlínlɔ̀n tissage, tressage (p. 124)
nǔɔtòn six cents (p. 35)
nǔsatɔ́ vendeur, vendeuse (p. 74)
nùsinsɛ̀n croyances, religion (p. 111)
nùsísà les choses à vendre, marchandises, action de vendre (p. 74)
nùsúnú sauce (p. 63)
nùtɛ́ ? nùtɛ́ wútú ? nùtɛ́ wú ? quelle chose ? quoi ? (pp. 39, 40, 41)
nùtí ǎ rien du tout (pp. 37, 38)
nùtɔtɔ́ tailleur, couturier (p. 124)
nùtuntɔ́ forgeron (p. 125)
nùtútɔ, nùtítɔ couture (p. 124)
nùtuntùn travail du fer, action de forger le fer (pp. 124, 125)
Nùwàtín nom de personne (p. 90)
nùwíwà cérémonies rituelles (pp. 108, 112)

nùxíxɔ̀ les achats, action d'acheter (p. 71)

nùxɔtɔ́ acheteur, acheteuses (p. 74)

nùxwasùn mai (p. 80)

Digraphe Ny

nyà chasser (p. 122)
nyà homme (opposé à "femme") (pp. 19, 90, 143)
nyaɖé un quidam, un homme (inconnu) (pp. 130, 144)
nyàgbě chasser le gibier (p. 122)
nyáví garçon, jeune garçon (p. 99)
nyawì homme de teint noir (p. 90)
nyɛ̀ produire, rejeter, faire sortir (p. 101)
nyɛ̀ àwɔ̌n, ny'àwɔ̌n péter (p. 101)
nyɛ, nyi moi (pp. 29, 56, 59)
nyɛtòn le mien, à moi (p. 30)
nyì élever (p. 123)
nyǐ, nyí être, s'appeler, se nommer (pp. 46, 55, 83, 98, 101, 102)
nyǐ, nyìkɔ nom (pp. 84, 86, 99)
nyì jíjɛ̀ surnom (p. 86)
nyì syɛ́nsyɛ́n nom fort (p. 86)
nyǐ titeungbè vrai nom (p. 86)
nyibú bœuf (vache, veau) (p. 63)
nyibúlan viande de bœuf (p. 63)
nyinyà action de chasser (p. 122)
nyinyì élevage (p. 123)
nyìnyí fait d'être, état (p. 102)
nylǎ être mauvais, mal faire (pp. 32, 144)

nyǒ, nyɔ́ être bon (pp. 32, 57, 62, 76, 89, 99, 100, etc)

nyɔ̀ɖáxó, nyɔ̀ɖáxónɔ̀ vieillard, vieille (pp. 103, 104)

nyɔ̀ɖaxoví vieille femme (p. 117)

nyɔ̌hɛ̀n, nyɔ̌wɛ̀n beau-frère ou belle-sœur (p. 94)

nyɔ̌nu, nyǒnù femme (pp. 26, 79, 92, 93, 144, etc)

nyɔ̀nuzan, nyɔ̀nuzangbè jeudi (p. 79)

nyɔ̀xó, nyɔ̀xónɔ̀ vieillard, vieille (pp. 103, 104)

nyɔ, nyɔ̌ connaître, savoir (p. 103)

nyɔlɔ̀n oncle maternel (p. 93)

Lettre O

oɖàbɔ̀ au revoir (p. 55)

ògǔ, gǔ divinité des forgerons (voir **gǔ** pp. 79, 112)

ohàn, hàn chant, chanson (voir **hàn** pp. 110, 116, etc)

òhǔn, hǔn tambour, tam-tam, battements du cœur, cœur (voir **hǔn** pp. 110, 116, 117)

òkú, kú la mort (voir **kú** pp. 20, 43, 48, 86, 108, 109)

okú, kú salut (du yoruba) (voir **kú** pp. 53, 54, 55, 56, 101)

oo oui, merci (pp. 55, 58)

owè, wè danse (voir **wè** pp. 114, 115, 116)

Lettre Ɔ

ɔ́ marque du démonstratif et du défini (ceci, cela, le, la, les) (p. 26)

Lettre P

penɛ́ɛ̀n pneu (p. 28)

pépée éclatant (idéophone) (p. 19)

pɛ́ɛ̀n pain (p. 28)

pípan train, autorail (pp. 28, 61)

politíkì politique (p. 28)

Lettre S

sà vendre, proférer (pp. 73, 74, 119)

sá, àsá jambes, cuisses (pp. 41, 42)

sà axɔ́ vendre à crédit (p. 74)

sabɔ̌gbè prononcer des incantations, des envoûtements (p. 119)

Sagbó (Zinsú) noms de deux garçons jumeaux (pp. 46, 50, 51, 52)

Sakpatá divinité de la variole (pp. 106, 112, 128)

saladà salade (p. 65)

sansi essence (p. 61)

sàvò supplier, demander pardon (p. 59)

sávɔ̌ offrir un sacrifice (pp. 105, 115)

sè entendre (pp. 27, 37, 51)

sègàn savoir danser (p. 117)

sésé, séé (idéophone) entièrement, complètement (p. 105)

sɛ force vitale, âme, esprit, destin, providence (pp. 14, 89, 111)

sɛ... do envoyer à (p. 110)

sɛ̀n (verbe) adorer (p. 111)

sɛná nom d'enfant inespéré, Dieudonné (p. 89)

sɛ́xwé maison de l'âme (du destin), ciel, paradis (p. 111)

sí queue (pp. 19, 116)

sibigbè samedi (p. 79)
sin attacher (pp. 59, 62, 63)
sìn eau (pp. 20, 24, 32, 46, 71, etc)
sinhún tam-tam de l'eau (p. 110)
sinnugblá soif (p. 71)
sínuká calebasse servant à boire de l'eau (p. 131)
sinxomɛ̀ se fâcher (p. 59)
sinzɛ́n cruche à eau (p. 127)
sisè le fait d'entendre, l'écoute, audition (pp. 27, 117)
sisɛ̀n adoration (p. 111)
sísɔ (adjectif) frit (pp. 63, 65, 66)
sísɔ́ trembler (p. 27)
sísɔ́sísɔ́ le fait de trembler, tremblement (p. 27)
sìxú (verbe) pouvoir (p. 61)
só montagne, pieu, piquet (p. 118)
soɖabì alcool tiré du vin de palme (p. 71)
sonù pintade (p. 123)
sóxwíwè action d'enfoncer un piquet (talisman) (p. 118)
sɔ demain, hier (selon le contexte) (pp. 54, 55, 57, 59, 62)
sɔ̀ égaler, comparatif d'égalité (pp. 50, 51)
sɔ́ pousser, heurter, cogner (p. 101)
sɔ́ prendre, saisir (pp. 43, 57, 116)
sɔ́, osɔ́ cheval (p. 116)
sɔ́... ǎ ne... plus (pp. 36, 38)
sɔ́sí queue de cheval (p. 116)
sɔ́wè prendre la danse, entrer dans la danse (p. 116)
sú fermer (p. 131)
sù grandir, croître, être suffisant (pp. 31, 58, 75)

sú payer (pp. 61, 68)
sú axɔ́ payer sa dette (p. 68)
sukpɔ̀ mouche (p. 62)
sùn lune, mois (pp. 80, 81, 82)
sún partir, démarrer (p. 61)
sunhwlé clair de lune (p. 82)
sunkíkó, sunkúkú cérémonie de première sortie d'un bébé (p. 81)
súnsún essuyer (p. 62)
súnù homme (opposé à "femme"), mâle (pp. 26, 32)
sunví (xasùn) petit panier, corbeille (p. 129)
syɛ́nsyɛ́n fort, solide (p. 71)

Lettre T

ta tête (pp. 41, 89, 130)
tagbà peine, effort, gêne (p. 54)
takín piment (p. 121)
talatà, talatagbè mardi (p. 79)
talétalé beignet de bananes (p. 66)
tántòn huit (p. 34)
tántongɔ́ huitième (p. 36)
tányì, tanyínɔ̀ grand-tante paternelle (pp. 99, 113)
tasí (du Mina) tante paternelle (pp. 93, 99, 113)
tasîì taxi (p. 61)
tá... wá, tá... á de peur que (p. 47)
tè, teví igname (pp. 19, 45, 64, 68, 121)
teɖuɖu fête de l'igname (p. 121)
tekàn éponge (p. 62)
telíbɔ́ farine d'igname séchée et pâte de farine d'igname séchée (p. 6
teví, tè igname (pp. 19, 45, 64, 68, 121)

tɛ́ étendre, étaler

tɛ́ (àgbànlín) biche, antilope, gazelle (p. 122)

tɛ́, étɛ́ quel ? (adjectif interrogatif) (pp. 39, 40)

tɛɛ̀n (idéophone) tôt (le matin (p. 62)

tɛgbɛ̀ toujours (p. 47)

tɛkàn téléphoner (p. 62)

tɛ̀n place (pp. 20, 57)

tɛnîi, tɛnigbè lundi (p. 79)

tɛ́nnɛ̀ neuf (p. 34)

tɛ́ntin centre, au milieu de (p. 42)

tɛ́nwè sept (p. 34)

tîi thé (p. 68)

timati tomate (p. 121)

tîn, tîin exister (p. 109)

tlélé (téélé) tout droit (p. 60)

tlɛnɔ̀, trɛnɔ̀ célibataire (p. 101)

to d'abord (p. 18)

tó oreille, bord (pp. 18, 42, 115, 125)

tò, tomɛ̀ pays (pp. 14, 18, 19, 70, 111)

tomɛganví boucle d'oreille (p. 125)

tón sortir, apparaître (p. 82)

-tòn, -tɔ̀n (suffixe) son, sa, de lui, d'elle (pp. 31, 45, 47, 48)

toòn idéophone, suggère une douceur excessive (p. 44)

tovodún divinité du village ou du pays (p. 112)

-towè ton, ta, de toi (pp. 30, 31, 40)

toxomɛ̀ en pleine ville, dans la ville (p. 61)

-tɔ́ particule qui marque l'origine, la qualité, l'état, l'agent (pp. 27, 109)

tɔ̀ coudre (p. 124)

tɔ́ père (pp. 20, 26, 48, 93)

tɔ̀ source, rivière, fleuve (pp. 42, 43, 86, 89, 112, 127, etc)

tɔ́cè mon père (p. 93)

tɔcenɔví mon oncle paternel ou ma tante paternelle (p. 93)

tɔ́cíovi orphelin(e) de père (p. 109)

tɔfíì bonbon caramel (pp. 28, 66)

tɔ́gbó grand-père (p. 93)

tɔkpá, tɔkpáxì grand marché de Cotonou (au bord de la lagune (p. 7

Tɔsì nom de fille (p. 89)

Tɔsú nom de garçon (p. 89)

tɔxɔ́sú enfant mal formé (monstre, roi des eaux) (pp. 112, 127)

tɔ́xɔ́súzɛ́n poterie pour le culte de **Tɔ́xɔ́sú** (monstre des eaux) (p. 12

tɔyízɛ́n cruche pour aller chercher de l'eau à la rivière (p. 127)

trala très, beaucoup (p. 44)

tróló aussitôt, tout de suite (p. 49)

tú fusil (p. 110)

tùn gàn forger le fer (p. 124)

tùn nǔ forger un objet (p. 124)

Lettre U

un je (pp. 21, 23, 29, 46, 55, 58, etc)

uun, ɛɛn oui (pp. 40, 55, 60)

Lettre V

v'axì, vɛ̌ axì être cher (pp. 61, 73)

vɛ donc (pour insister) (p. 22)

vɛ̌ être amer, être cher (pp. 61, 73)

vɛsín croire que, penser que (p. 46)

vǐ enfant, petit (pp. 19, 26, 30, 31, 33, 39, 40, 45, etc)

vìgán grand enfant, chef des enfants (aîné) (p. 94)

viì idéophone, suggère une noirceur excessive (p. 44)

viví doux, sucré, bon (p. 44)

vìvú petit-fils (p. 94)

vò à l'écart, différent (p. 111)

vodún divinités vodoun, ou Vodún (p. 112)

vodúngbè dimanche (p. 97)

vodúngbeglamɛ̀ semaine (p. 97)

vodúnɔ̀ chef d'une divinité (p. 113)

vodúnsì adepte du vodun (pp. 88, 113, 114)

vodúnxɔ̀ temple vodún (p. 113)

vodúnzangbè jeudi (p. 79)

vodúnzɛ́n poterie vodun (p. 127)

vòsisà supplication, pardon (p. 59)

vɔ̌ oblation, offrande aux dieux, sacrifice offert (pp. 97, 105, 115)

vɔ̀sánú objet à sacrifier, la victime, l'offrande (p. 115)

vɔ̀sátɔ́ sacrificateur (p. 115)

vɔ̀sísá offrande rituelle (pp. 114, 115)

vɔ́vɔ́ ǎ même pas (pp. 36, 37)

vɔvɔ, vɔɔ rouge (p. 84)

vǔ petit (p. 94)

vǔn, vún déchirer, être déchiré (p. 130)

Lettre W

wà faire (pp. 47, 55, 56, 109)
wǎ venir (pp. 21, 22, 26, 37, 39, 40, etc)
wàbǒ faire un grigri (p. 118)
wànǔ faire une bonne action (p. 56)
wǎtòn treize (p. 34)
wayì passer (p. 75)
wàzɔ̌ travailler (pp. 44, 47, 48, 50)
wè deux (pp. 26, 34)
we toi (complément d'objet) (pp. 29, 57, 58)
wè, owè danse (pp. 114, 115, 116)
wé, wě être blanc (pp. 41, 44)
weɖúɖú action de danser (p. 115)
weɖútɔ́ danseur, danseuse (p. 115)
wefɔ̀ pas de danse (p. 115)
wefɔɖíɖè action d'esquisser des pas de danse (p. 115)
wegbígbò, wegbúgbò action d'attaquer vivement la danse (p. 116)
wegɔ́ deuxième (p. 36)
wejíjó action de rendre la danse, de sortir du cercle de danse (p. 116
wesísɔ́, wesúsɔ́ action de commencer la danse (p. 116)
wěwè douze (pp. 34, 73)
wèwé, wé, wìwé blanc (p. 85)
weyíyí action d'accepter, de rentrer dans la danse (p. 116)
wèzizà clarté (pp. 76, 77)
wɛ̀ c'est (pp. 21, 25, 45, 48, 55, etc)

wɛ... à est-ce que ? (avec surprise) (pp. 38, 39, 40)

wɛ... ɖè insistance dans l'interrogation (p. 24)

wɛ̌nɛ̀ quatorze (p. 34)

wì noircir, être noir (pp. 31, 44)

wìnyá grandir, croître (p. 100)

wìnyawínyá(mɛ̀) adolescence (p. 100)

wiwà action de faire (pp. 108, 109)

wìwǎ action de venir, venue (p. 26)

wìwì noir (pp. 31, 90, 98)

wlǐ attraper, arrêter (p. 82)

wǒ dix (pp. 19, 34)

wǒ-ɖokpó onze (p. 34)

woǒ harmattan (p. 81)

wǒsùn décembre (p. 81)

wɔ̀ɔ́, wɔ̌ pâte (de maïs) (pp. 63, 69)

wɔ̀fléflé pâte de la veille (p. 68)

wɔ̀kolí pâte de la veille (p. 68)

wɔ̀xúxú pain (p. 28)

wǔ, wǔtu le corps, à cause de (pp. 42, 48, 62)

wùlɛkpámɛ̀ la douche (p. 62)

wùsúnsún-nú serviette (de toilette) (p. 62)

Lettre X

xá avec, ensemble (p. 45)
xasùn panier (p. 129)
xasunlinlɔ̀n action de tresser un panier, vannerie (p. 128)
xasunlɔntɔ́ vannier (p. 129)
xasunví, sunví petit panier, corbeille (p. 129)
xɛ̀ oiseau (p. 129)
xɛjà cage à oiseau (p. 129)
xɛsì peur (p. 32)
xɛsinò, xɛsinɔ̀ peureux (p. 32)
xɛxó conte, fable (pp. 70, 131)
xò battre, frapper (p. 37)
xó parole (p. 19)
xò particule qui marque le lieu, sur (p. 42)
xò ventre, grossesse (pp. 42, 97)
xocí, cí éteindre (p. 118)
xoɖɛ̀ faire les prières (p. 114)
xogbé parole célèbre, dicton (p. 131)
xomɛ̀ ventre (p. 59)
xomɛnyótɔ́ bon, aimable, affable (p. 32)
xomlá louer, glorifier (p. 114)
xontòn ami (p. 56)
xovɛ́ faim (p. 63)
xoxó, xóóxó vieux, ancien, âgé (pp. 102, 103)
xoxónɔ̀ femme enceinte (p. 97)
xɔ̀ acheter, sauver (pp. 23, 73, 74)
xɔ̀ aulacode, "agouti" (pp. 63, 122)

xɔ̀ case, maison (pp. 41, 42, 113)
xɔlan viande d'"agouti" (pp. 63, 122)
xɔmɛ̀ dans la maison, dans la case (p. 42)
xɔnɔnɔ chambre à coucher (p. 62)
xɔ́sú (àxɔ́sú) roi (p. 112)
xù la mer, l'océan (p. 113)
xúná supplément donné par la vendeuse (p. 74)
xunɔ̀ maître (prêtre) de la mer (p. 113)
xwè être en train d'aller (pp. 23, 46, 61)
xwè fermer, couvrir, enfoncer (p. 130)
xwe nukún ciller (fermer l'œil) (p. 78)
xwè l'année, la fête (pp. 77, 114)
xwè yɔ̀yɔ́ Nouvel An (p. 77)
xwé maison, chez-soi (pp. 32, 43, 61, 70, 98, 104, etc)
xwégbè à la maison, dans la maison (pp. 59, 70, 109)
xwegbè, xwezángbè jour de fête (p. 77)
xwégbó "la grande maison", l'au-delà (p. 108)
xwejísùn mars (p. 80)
xwetanú cérémonies publiques de fin d'année (p. 114)
xwíxwè action d'enfoncer, de fermer, de couvrir (p. 118)
xwlé axì faire le marché (p. 74)
xwlɛ̀ planche (p. 126)
xwlɛ́ raboter (p. 126)
xwlɛkpatɔ́ menuisier (p. 126)

Lettre Y

yà pauvreté (p. 19)
yà récolter (p. 120)
yǎ être prêt, être proche, être rapide (p. 60)
yǎwǔ se presser, se dépêcher (p. 60)
Yàyá (Dɔ̀lu) noms de jumelles (p. 88)
yě ils, elles, eux, (pp. 21, 29, 42)
Yělynǎ nom d'enfant né contre toute attente des voisins (p. 89)
yětòn leur, d'eux, à eux (p. 30)
Yemajɛ̀ famille d'Abomey spécialisée dans la technique des tiss appliqués (p. 124)
yɛ̀yɛ̌ bébé (p. 99)
yì aller, partir (pp. 23, 24, 26, 36, 37, 38, 42, 46, 49, etc)
yǐ prendre, recevoir (pp. 50, 116)
yìgbě aller à la chasse (p. 122)
yíyì le fait d'aller, départ (pp. 24, 25, 26)
ylɔ̌, yrɔ̌ appeler, attirer (p. 118)
yovó un Blanc (pp. 65, 107)
yovó-núɖúɖu aliment du Blanc (p. 65)
yovózɛ̀n une orange (pp. 65, 66, 122)
yovozɛntín oranger (p. 122)
yɔ̀, yɔdò tombe, tombeau (p. 109)
yɔ̌kpɔ́ jeune fille, fillette (p. 99)
yɔ̌kpɔ́vú, yɔkpɔ́ví enfant (pp. 99, 100)
yɔ̌kpɔ́vúmɛ̀ enfance (p. 99)
yɔ̀yɔ́ neuf, nouveau (pp. 31, 32)

Lettre Z

zàn natte (en jonc) (pp. 42, 43, 62, 129)
zǎn nuit (pp. 54, 77)
zǎnkézè jour et nuit (p. 77)
zanlɔntɔ́ tresseur de nattes (p. 129)
zǎnmɛ̀ dans la nuit (pp. 61, 77, 78)
Zànnú garçon né la nuit (p. 89)
Zànsì fille née la nuit (p. 89)
zànsúkpɔ̀, zànsúkpɛ̀ moustique (p. 62)
zànvlɔ́ɖowè minuit (p. 78)
zànxoxomɛ̀ au cœur de la nuit (p. 78)
zǎnxwetè minuit (p. 78)
zǎnzǎn le matin (pp. 62, 77)
zǎnzǎn tɛ̀ɛn matin de bonne heure (p. 62)
zǎnzǎn hwemɛ̀ la matinée (p. 77)
zǎnzǎn núɖuɖù petit déjeuner (p. 68)
zàwě être clair (sans nuage) (p. 76)
zě prendre (p. 29)
zěmìjàn taxi-moto, "zemidjan" (p. 61)
zɛ̌n pot, poterie (p. 127)
zɛ̌nlì grosse jarre pour la musique de percussion (p. 110)
zɛ̀nmimɛ̀ action de brûler ou de cuire la poterie (p. 126)
zɛ̀nnusú couvercle de poterie (p. 127)
zɛu dépasser (p. 44)
zǐn, zìnyó singe cercopithèque (p. 87)
zìnbó grigri pour devenir invisible (p. 118)

zìndídó action de devenir invisible (p. 118)
zinflu, zǐn obscurité (pp. 77, 118)
zinkpò siège (p. 126)
Zinsú et Sagbó noms de deux garçons jumeaux (pp. 46, 88)
Zìnsú et Zìnxwe noms de jumeaux (garçon et fille) (p. 88)
Zìnxwe et Zìnsú noms de jumeaux (fille et garçon) (p. 88)
zò feu (p. 19)
zǒ petite saison des pluies (pp. 81, 89)
zofín cendre (p. 80)
zofínkplɔ́sùn février (p. 80)
zogbodoxì marché de Zogbodo (pp. 72, 75)
zòn marcher, aller (p. 60)
zonlìn marche (p. 57)
Zǒsì fille née pendant la petite saison des pluies (p. 89)
Zòsú garçon né pendant la petite saison des pluies (p. 89)
zǒsùn octobre (p. 81)
zozò chaud (p. 71)
zɔ̀ au loin, à l'écart, ailleurs (p. 43)
zùn, zunmɛ̀ forêt, dans la forêt (p. 87)

GLOSSAIRE
Français - Fon

Pour les références au contexte,
prière se reporter aux pages
indiquées dans le glossaire fon-français.

à nu

abord (d') to

acclamations, clameurs àwòbóbó

accomplir (s') (pour un souhait) cɛ

accord (d') ényɔ́

accord, acceptation gbèyíyí

accouchement, enfantement àjì

achats, action d'acheter nùxíxɔ̀

acheter (les achats, l'action d') nùxíxɔ̀

acheter un liquide jɛ̀ (jɛ̀ sansì = acheter de l'essence)

acheter, sauver xɔ̀

acheteur, acheteuse nùxɔtɔ́

acolyte, serviteur devá, deví

action (faire une bonne) wànǔ

activité manuelle alɔnúzɔ́

adolescence wìnyawínyá(mɛ̀)

adoration sinsɛ̀n

adorer sɛ̀n

adulte mɛxó, mɛxóxó

agent (particule marquant l'origine, la qualité, l'état, l'agent) -tɔ́

agneau lɛ̀ngbɔ́ví

agouti (viande d') xɔlan

ailleurs, au loin, à l'écart zɔ̀

aîné, grand enfant vìgán

air libre (à l') jɔnù

ajouter à (en) bad'eji

alcool tiré du vin de palme soɖabì

alcool, boisson àhàn

aliment du Blanc yovó-núɖúɖu

aliment, nourriture nùɖúɖú

aller (être en train d') xwè

aller, marcher zòn

aller, partir yì

âme, esprit, force vitale, destin, providence sɛ

amer (être), être cher vɛ̌

ami xontòn

ananas àgòn, àgɔ̀n

ananas (peau d') àgɔnfló

ancêtre mythique de la dynastie d'Allada, Abomey et Porto-No
Àgasú

animal kanlìn

anneau, bracelet, bijou ganví

année (cérémonies publiques de fin d') xwetanú

année, fête xwè

antichambre, salon àgbasá

antidote, contre-poison, talisman pour se défendre glǒ

août àvivɔsùn

apparaître, sortir tón

appeler (s'), se nommer, être nyǐ, nyí

appeler, attirer ylɔ̌, yrɔ̌

applaudissements, battement des mains, remerciements kpɛ

après que gúdóɔ́

après-demain àzǎntongbè

après-midi (avancé) hwèjàyǐ

après-midi (début d') hwelɛkɔ̀

arachide àzîìn

arachide (galette d') àzîìn ganví

arbre, bois àtín (pp. 36, 99, 121)

arbuste pour faire les palissades, les haies kpátín

arbuste servant à faire les clôtures, feuilles médicinales kpátíndɛhún

argent àkwɛ́, kwɛ́

arranger blòɖó, blò... ɖó

arrêter, cesser, pardonner, guérir gbɔ̀

arrêter, cesser, retenir, désigner ɖotè

arriver, se passer, tomber dans, se produire jɛ̀, jɔ̀

arriver, venir, (être en train de) jǎwè

assassin alɛdatɔ́

asseoir (s') jìnjón

assiette en faïence kɔ́gbɛ́n

assis (le fait d'être) àyǐ jinjón

atmosphère, nature gbɛmɛ

attacher sin

attaquer, couper gbò

attaquer, couper (action de) gbigbò, gbugbò

attendre, rester debout nɔ̀tè

attirer, appeler ylɔ̌, yrɔ̌

attraper, arrêter wlǐ

attraper, ramasser bɛ̌

attribuer à, provoquer, placer, disposer ɖǒ

au revoir oɖàbɔ̀, éɖàbɔ̀ (emprunt yoruba)

aube, lever du jour àyǐtèhɔ̀nu, àyìhínhón

au-delà (l') lɔ̌n, lɔ̌ntomɛ̀

au-delà (l'), "la grande maison" xwégbó

aujourd'hui egbe

aulacode, "agouti" xɔ̀

aussitôt, tout de suite trólò

autre, un autre ɖěvo

autres (d') ɖěvo lɛ

avaler mì

avaler, boire, fumer nù

avant que cobɔ̀ (dans une subordonnée de temps)

avant-hier àzǎntonɖiè

avec, ensemble xá

avec, et kpó... kpó

avoir, posséder ɖǒ

avril lidosùn

bagage, marchandise, fardeau, cadeau àgbàn

baguette pour battre le tambour àgidà, àglɔkpò

banane kokwé

baobab akpasá, kpasá

barbe àtán

bas (en), trou dò

bâton kpò

battre, frapper xò

beau, jeune ɖɛkpɛ̀

beaucoup, plusieurs gègé

beaucoup, vraiment ɖésú

beau-frère (mon), frère de ma femme asice-nɔví–súnù

beau-frère (mon), frère de mon mari àsúce-nɔví–súnù

beau-frère ou belle-sœur nyɔ̌hɛ̀n, nyɔ̌wɛ̀n

beau-père (mon), père de ma femme asicetɔ́, asietɔ́

beau-père (mon), père de mon mari àsúcetɔ́, àsúetɔ́

bébé yɛ̀yɛ̌

bébé (cérémonie de première sortie d'un) sunkíkó, sunkúkú

beignet de bananes talétalé

beignet de haricot àtá

beignet de haricots moulus dokɔ́

beignet de pâte de maïs fermenté mǎsà

bélier àgbò, lɛ̀ngbɔ́sú

belle-mère (ma), mère de ma femme asicenɔ̀, asienɔ̀

belle-mère (ma), mère de mon mari àsúcenɔ̀, àsúenɔ̀

belle-sœur (ma), sœur de ma femme asice-nɔví–nyɔ̌nù

belle-sœur (ma), sœur de mon mari àsúce-nɔví–nyɔ̌nù

bénéfice lè

bénéfice (faire du) ɖù lè

bénéficiaire (particule marquant le but, le) nú

biche, antilope, gazelle àgbànlín, tɛ́

bien, bon ɖagbè

bienvenue, "bonne arrivée" kúǎbɔ̀, k'ǎbɔ̀, kwǎbɔ̀

bijoutier ganvíblótɔ́

blanc wèwé, wé (wìwé)

blanc (être) **wé (wě)**

Blanc (un) Yovó

blancheur excessive foò, faàn (idéophones qui suggèrent une)

bœuf (vache, veau) nyibú
bœuf (viande de) nyibúlan
boire, avaler, fumer nù
bois de chauffage nákí
boisson forte, alcoolisée ahan-syɛ́nsyɛ́n
boisson fraîche ahan-fífá
boisson, alcool àhàn
bon (être) nyǒ, nyɔ́
bon marché (être) kpɔ̀
bon, aimable, affable xomɛnyótɔ́
bon, doux, sucré viví
bonheur, vie, monde gbɛ̀
bord, bout, bouche nu
bord, oreille tó
bouc gbàgbá
bouche, bord, bout nu
boucle d'oreille tomɛganví
bouillie de maïs fermenté gɔ̀dɔ̀, kokó
bout, bord, bouche nu
bouteille gò
bracelet àbàgan
bras, biceps àbǎ
brebis lɛ̀ngbɔ́sì
broder kó
broderie nùkíkó
broderie anglaise, dentelle lɛ̌sì
brodeur nùkótɔ́, àvɔ̀kótɔ́
brûler, cuire mɛ̀
but (particule indiquant le) gbé

but, le bénéficiaire (particule marquant le) nú
cadeau, fardeau, bagage, marchandise àgbàn
cage àjà, jà
cage (petite) àjàkotwé
cage à oiseau xɛ-jà
caisse, malle gbǎ
calebasse ká
calebasse (morceau de) káxwɛ̀
calebasse à couvercle kánusúnɔ̀
calebasse gravée, action de graver sur calebasse kakpíkpà
calebasse pour consulter le Fá fáká
calebasse servant à boire de l'eau sínuká
campagnard, "péquenot" gletanù
canard kpákpá
canne à sucre léké
canon, fusil àgbǎ
capital financier àkwɛta
caprin (viande de) gbɔ̀la
caramel tɔfîì
case, maison xɔ̀
casser, se casser gbà
castagnettes asɔgo
cause (à cause de), pour, dans dó
cause de (à) wǔ, wǔtu
ce, ceci, cet élɔ, éyɛ
ceci, cela, le, la, les (marques du démonstratif et du défini) ɔ́
cela, celui, il, elle é
cela, cet énɛ

célibataire tlɛnɔ̀, trɛnɔ̀

celui, cela, il, elle é

cendre zofín

cent francs kpɔ́ùn ɛnɛ̀

cent vingt kantòn

centre, au milieu de tɛ́ntin

cercueil cíɔ́gbá

céréale, grain, graine nùkún

cérémonies funèbres cíɔ́nu

cérémonies rituelles nùwíwà

certains, quelques-uns ɖélɛ

ces, ceux-ci, ceux-là éyɛlɛ, énɛlɛ, élɔlɛ

c'est wɛ̀

chambre à coucher xɔnɔnɔ

champ glè, gelè, gleta

champ, herbe, brousse, chasse gbě

changer huzú

chansons (composer des) kpàhàn

chant hàn (òhàn)

chant (entonner un) dǒ hàn

chant (maître de) hansinɔ̀

chant, chanson ohàn (hàn)

chanter jìhàn

chanter (action de) hanjíjì

chanteur, chanteuse hanjítɔ́

chants (compositeur de) hankpatɔ́

chants (enclos pour la classe de) hankpámɛ̀

chapeau de jonc (grand) àzagbagbà

chapeau, couvre-chef fulà, filà, gbàkún
chapelier àzalɔntɔ́, azablotó
chasse (aller à la) yìgbě
chasse, herbe, brousse, champ gbě
chasser nyà
chasser (action de) nyinyà
chasser le gibier nyàgbě
chasseur gbènyatɔ́, gbètɔ́
chat àwîì
chaud zozò
chef de divinité (grand) hùngbónɔ̀
chef de famille hɛ̌nugán
chef des jeunes dɔ̀nkpɛgán
chef, roi, grand gǎn, gán
chemin, route alì, alixò, alitó
chemise awù
cher (être), être amer v'axì (vɛ̌ axì)
chercher ba, bà
cheval sɔ́ (osɔ́)
cheveux ɖà
choisir, ramasser cyán
chose nǔ (remplace tous les mots dans les composés)
ciller xwe nukún (= fermer l'œil)
ciller, cligner de l'œil (le fait de) nukún-xwíxwè
cimetière kúxwé
cinq àtóón
cinq francs ɖɔlà ɖokpó (= un dollar)
cinquante francs CFA kpɔ́ùn wè (2 X 25 F)

citron klé
citronnelle cáà
citronnelle (feuille de) cáàmà
citronnier klétín
clair (être clair, sans nuage) zàwě
clair de lune sunhwlé
clan, famille akɔ̀
clarté wèzizà
clé cavì
client, fournisseur habituel axisinɔ̀
clôture, palissade kpá
coco vert àdrù
cocotier àgɔ̀nkɛtín
cocotier (racine de) àgɔnkɛ́ɖɔ̀
cœur, battements du cœur, tam-tam hŭn, òhŭn
cogner, pousser, heurter sɔ́
cola (Garcinia Cola) àhòwé
colère, force àdăn
colis, charge, cadeau àgbàn
combien ? à combien ? nabí
comme (semblable à) ɖɔhùn
comme, ainsi que (comparaison) lĕè
comment ? nɛ̌... gbòn
commerçant(e) àjɔ̀tɔ́
commerce àjɔ̌
complètement, entièrement sésé, séé (idéophone)
comprimé, médicament àtínkɛn
connaître, savoir nyɔ, nyɔ̌

conseil (marque du souhait, du) ló
conseiller du chef, officier de la couronne àzaglɔ́gan
consulter l'oracle, fouiller, éparpiller kàn
conte hwènuxó, xɛxó
coq kokló–sú
coq (au premier chant du) koklokɔ́àsí
corbeille, petit panier sunví, xasùn, xasunví
corde végétale, liane, fil kàn, àtínkan
cordon ombilical hɔ̌nkàn
côté, à côté de àkpá, kpá
coton avɔkanfún
cou kɔ̀
coucher (se) (pour dormir) mlányǐ
coudre tɔ̀
coupe-coupe gyankpa
couper un morceau de kán
couper, attaquer gbò
couper, attaquer (action de) gbigbò, gbugbò
courir kanwezùn
couronne, chapeau, coiffure, plafond àzà
couteau jǐ, jìvǐ, jìví
couture nùtútɔ, nùtítɔ
couturier, tailleur àvɔtɔtɔ́
couvent hùnxwé
couvent vodoun hùnkpámɛ̀
couvercle de poterie zɛ̀nnusú
couvrir, fermer, enfoncer xwè
cravate kɔ́là

crédit (vendre à) sàaxɔ́

crédit, dette àxɔ́

crépuscule hweyìxɔ̀

croire (fait de), croyance, fait d'être efficace ɖiɖì, nùɖiɖì

croire que, penser que vɛsín

croire, être efficace ɖì

croyance, religion nùsinsɛ̀n

cruche à eau sinzɛ́n

cruche pour aller chercher de l'eau à la rivière tɔyízɛ́n

cuillère cíví

cuire la poterie mɛ̀zɛ̌n

cuire la poterie (action de brûler ou de) zɛ̀nmimɛ̀

cuire, brûler mɛ̀

cuire, cuisiner ɖà, ɖànǔ

cuisses, jambes, au pied de, sous sá, àsá

cuit, cuisiné ɖiɖà

cultivateur, paysan, laboureur glelɛtɔ́

cultiver lɛ̀

cultiver le champ lɛ̀ glè

Dahomey (actuel Bénin) Danxomɛ̀

dans, à l'intérieur de mɛ̀

danse wè, owè

danse (action d' attaquer vivement la) wegbígbò, wegbúgbò

danse (action d'accepter, d'entrer dans la) weyíyí

danse (action de commencer la) wesísɔ́, wesúsɔ́

danse (action de sortir de la) wejíjó

danse (action d'esquisser des pas de) wefɔɖíɖè

danse (attaquer sérieusement la) gbòwè
danse (cercle de) àgùn
danse (dans le cercle de) àgùn-mɛ̀
danse (en dehors du cercle de) àgùntó
danse (faire des pas de) ɖè wefɔ̀
danse (pas de) wefɔ̀
danse (prendre la danse, entrer dans la) sɔ́wè
danse (rendre la) jǒwè
danser ɖǔwè
danser (action de) weɖúɖú
danser (le fait de savoir) gansísè
danser (ne pas savoir) kúgàn
danser (savoir) sègàn
danseur (mauvais), mauvaise danseuse gankúnɔ̀
danseur, danseuse weɖútɔ́
debout (être), présent (être) ɖòtè
debout (rester), attendre nɔ̀tè
décembre wǒsùn
déchirer, être déchiré vǔn, vún
décoction, médicament amasìn
dégager, découvrir kón
déité du clan, de la famille hɛ̀nuvodún
déjà (marque de l'accompli) ko
déjeuner (petit) zǎnzǎnúɖuɖù
déjeuner, repas de midi hwemɛnúɖuɖù
demain, hier (selon le contexte) sɔ
demande en mariage asibyɔ́byɔ́

demande, le fait de demander byɔ̀byɔ́

demander kanbyɔ́, byɔ́

demander des nouvelles de la maison kanxwébyɔ́

demander l'autorisation byɔ̌gbè

démarrer, partir sún

demi, moitié àdaɖé

demoiselle, jeune fille àhwlì, ɖyɔ̀vǐ

démonstratif et du défini (marque du) (ceci, cela, le, la, les) ɔ́

dent àɖǔ

dentelle, broderie anglaise lɛ̌sì

départ, le fait d'aller yíyì

dépasser, passer dín, dǐn

dépense d'argent àkwɛ́zínzán, nàwo (yoruba)

dernier gudotòn

derrière, arrière gǔdò

descendre jɛ̀te

désigner, retenir, arrêter, cesser ɖotè

dessert désɛ́ɛ̀

dessous, au-dessous, sous glɔ

dessus, sur, au-dessus de, en haut jǐ, jí

destin, providence, force vitale, âme, esprit sɛ

dette (payer sa) sú axɔ́

dette, crédit àxɔ́

deuil lǔtù

deux wè

deux cents afɔɖé

deuxième wegɔ́

devant, avant, front nukòn

devin bokɔ́nɔ̀, bokɔ́

devises claniques et honorifiques d'une personne (action de louer quelqu'un, de citer les) mlàmlá, mlamla

diabète àɖɔ̀víví

dicton, parole célèbre xogbé

Dieu Mǎwǔ

dieu de la divination Fá

dieu du fer gǔ, ògǔ

dieu lare, protecteur des habitats Lɛ̌gbà (tolɛgbà)

dieu protecteur des marchés àǐzàn

différent, à l'écart vò

dimanche vodúngbè

dimanche, jour du Seigneur àklúnɔzangbè

dîner, repas du soir gbadanúɖuɖù

dire ɖɔ̀

disparaître de façon magique fò

disparaître de façon magique (action de) fifò

dispensaire, hôpital dotóxwé

divinité (chef d'une) hùn-nɔ̀

divinité des forgerons ògǔ (gǔ)

divinité du village ou du pays tovodún

divinité Lisà Lisà

divinité, "vodoun" hùn

divulguer, dénoncer, publier, proposer à la vente jlǎ, jàlá

dix wǒ

dix-sept afɔtòn-nukún-wè

Dominique Dɔminíkì

donc hun

donc (pour insister) vɛ̀

donner nǎ

dormir d'amlɔ̀n, dɔ̌ amlɔ̀n (= "dormir le sommeil")

dormir (le fait de) didɔ́

dormir à l'air libre (le fait de), veillée jɔnúdídɔ́

dormir, passer la nuit dɔ̌, dɔ́

doucement, lentement dɛ̌dɛ̌

douceur excessive toòn (idéophone qui suggère une)

douche wùlɛkpámɛ̀

doux, sucré, bon viví

douze wěwè

droite (à) aɖísíxwé, ɖisíxwé

eau sìn

écart (à l'écart), différent vò

échapper, résister, se défendre glǒ

éclatant pépée (idéophone)

écuelle pour offrir des haricots ayizɛ́n

éduquer, étudier kplón

efficace (être), croire ɖì

efficace (fait d'être), croyance, fait de croire ɖiɖì

effort, gêne, peine tagbà

égaler, comparatif d'égalité sɔ̀

électricité lɛtríkì

élevage nyinyì

élever nyì

elle, il, cela, celui é

elle, lui éyɛ, éé

elles, ils, eux yě

Emile Emílù

emmener (action d') kpíkplá

emmener avec soi, porter sur soi kplá

emmener l'épouse (action d'), noce asikplíkplá

empoisonneur, sorcier àzɔ̀nɖatɔ́

enceinte, portail, fossé àgbǒ

enclos kpámɛ̀

endetter (s') ɖù axɔ́

enfance yɔ́kpɔ́vúmɛ̀

enfant yɔ́kpɔ́vú, yɔkpɔ́ví

enfant mal formé tɔxɔ́sú (monstre, roi des eaux)

enfant mort-né àbìkú

enfant, petit (nom et adj.) vǐ

enfantement, naissance jijì

enfanter, produire jì

enfoncer, fermer, couvrir xwè

enlever (le fait d') ɖiɖè

enlever, ôter, ramasser, tirer, sortir ɖè

ensemble, avec xá

ensorceler quelqu'un gbò azɛ̌mɛ̀

entendre sè

entendre (le fait d'), l'écoute, audition sisè

enterrement définitif cíɔɖiɖi

enterrement provisoire akpagbé

entièrement, complètement sésé, séé (idéophone)

envers (à l'), à rebours àgɔ̀

envoyer à sɛ... do

épinard, feuille verte mǎ

éponge tekàn

époque, temps, quand, lorsque hwenù

épouse, femelle asì, sì

époux, mâle àsú, sú

esclave kanumɔ̀

esprit, force vitale, âme, destin, providence sɛ

essence sansi

essuyer súnsún

est-ce que ? (avec surprise) wɛ... à

est-ce que ne...pas ? (interro-négatif, réponse incertaine) ǎ wɛ à

et lobɔ̀, lobo

et ? (marque l'interrogation dans les salutations) lo

et puis bó, lobo

et, puis bɔ, lobɔ̀

état (particule qui marque l'état, la qualité, l'origine, l'agent) -tɔ́

état, fait d'être nyìnyí

éteindre xocí (cí)

étendre, étaler tɛ́

être ɖè, ɖò

étudier, éduquer kplón

eux, ils, elles yě

excréments àdà, mǐ

exister tîn, tîn

extérieur (à l') de l'enceinte àgbògúdò

extrêmement káká

fable, conte xɛxó

fâcher (se) sinxomɛ̀

faillite (faire) ɖù agbàn

faim xovɛ́

faire blǒ, wà

faire (action de) wiwà

famille hɛ̌nù

famille, lignage, clan akɔ

famille d'Abomey spécialisée dans la fabrication des objets de décoration en cuivre Huntɔnjí

famille d'Abomey spécialisée dans la technique des tissus appliqués Yemajɛ̀

famille des forgerons d'Abomey, forgeron Àyàtɔ́, àyàtɔ́

fardeau, bagage, marchandise, cadeau àgbàn

farine línfín

femelle, épouse asì, sì

femme nyɔ̌nu, nyɔ̌nù

femme de teint noir nawì

femme enceinte xoxónɔ̀

fer (travail du) gantuntùn

fer, rythme, sonnerie, heure gàn

fermer bɔ... dó

fermer sú

fermer la bouche bɔnu, bɔnudó

fermer, couvrir, enfoncer xwè

fesses arrondies gogó

fête (jour de) xwegbè, xwezángbè

fête de l'igname teɖuɖu

fête, année xwè

fêter ɖù xwè

feu zò

feuille amà

feuille de cocotier àgɔ̀nmà, àgɔ̀nkɛmà

feuille verte, épinard mǎ

février zofínkplɔ́sùn

fibre, poil, ouate fún

figure, visage núkúmɛ̀

fille (jeune), demoiselle ɖyɔ̀vǐ

fille (jeune), fillette yɔ́kpɔ́

fille née en plein midi hwezumɛ

fille née la nuit Zànsì

fille née pendant la petite saison des pluies Zǒsì

fillette, jeune fille yɔ́kpɔ́

flûte kpetè

force, colère àdǎn

forêt, dans la forêt zùn, zunmɛ̀

forge (en plein air) flè

forge (sous abri) flesá, flexɔ́sá

forger (action de) fletuntùn

forger le fer tùn gàn

forger le fer (travail du fer, action de) nùtuntùn

forger un objet tùn nǔ

forgeron fletuntɔ́, àyàtɔ́, gantuntɔ́, nùtuntɔ́, ganmɛnù

fort, solide syɛ́nsyɛ́n

fossé, portail, enceinte àgbǒ (p. 78)

fouiller, éparpiller, consulter l'oracle kàn (pp. 98, 99)

foulard dǔkwì (p. 90)

fraîchement, tout frais kpɔkpɔ̀

frais (devenir), être frais fá

frais, fraîche fífá

frais, non encore séché (produits agricoles) fɛ́

frais, pas cuit mǔ

franc (un) flan ɖokpó

frère nɔví súnù

frère (grand) fofó

frère (mon) ou ma sœur nɔvíce

frère ou sœur nɔví

frit sísɔ (adjectif)

friture de tomates, mélange d'huile et de son pour les dieux jǎ

froid àvivɔ̀

front, devant, avant nukòn

fruits àtínsínsɛ́n

fumé hihi (adjectif)

fumée, tabac àzɔ̀

fumer, boire, avaler nù

fumeur àzɔ̀nutɔ́

funérailles cíɔ́núwíwa

fusil tú

fusil (pour empoisonner à distance) cakátú

futur (marque du) ná

gale aklì

galette de maïs gbadéganví, klɛklɛ

garçon né en plein midi hwesú

garçon né la nuit Zànnú

garçon né pendant la petite saison des pluies Zòsú

garçon, jeune garçon nyáví

garder, réserver une part de nourriture pour quelqu'un kpòkánúmɛ̀

garder, réserver, ne pas terminer kpò - **il en reste** e kpò

garder, tenir hɛ̀n

gare alagáà

gari galí

gâter, pourrir, arrêter ou guérir une maladie gble, gblě

gauche (à) amyɔxwé

gibier gbě̀làn, gbèmɛ́làn, gbèkanlìn

girofle (clou de) kpléjlèkún

glorifier, louer, rouler, enrouler màlan, mlǎn

gombo fevί

gond à double timbre gankókó

gong jumelé gànkpànvǐ

gourde (grosse) pour la musique gòtà

gourde (petite) en calebasse kágò

goyave, goyavier kɛ́nkún, kɛ́nkúntín

grain, graine, céréale nùkún

grain, graine, pépin, noyau kwín

grand gbo (particule collée à la fin d'un nom)

grand, gros ɖaxó

grandir, croître wìnyá

grandir, croître, être suffisant sù

grand-mère mamá

grand-mère maternelle (ma) nɔcenɔ

grand-oncle paternel atagán

grand-père dàgbó

grand-père tɔ́gbó

grand-père paternel (mon) nɔcetɔ́

grand-tante maternelle nagán
grand-tante paternelle tányì, tanyínɔ̀
graveur de calebasse kákpatɔ
grigri (action de jeter un sort, de faire un talisman, un) bòwíwà
grigri (faire un) wàbǒ
grigri efficace bǒɖiɖí
grigri pour devenir invisible zìnbó
grigri pour disparaître mystérieusement fífóbó
grillade griyà
gros kloklo
grosse jarre (pour la musique de percussion) kpezɛ́n
grossesse, ventre xò
grossir (le fait de) kiklo
grossir, gros, être gros klǒ
groupe, association gbɛ̌
groupe, une association (former un) dǒgbɛ̌
guérir une maladie, gâter, pourrir gble, gblě
guérir, pardonner, arrêter, cesser gbɔ̀
guérison, fait de guérir, soin des maladies àzɔ̀ngbigbɔ̀
guérisseur, médecin àzɔ̀ngblétɔ́, àzɔ̀ngbɔ́tɔ́
habiter, rester, demeurer nɔ̀
habitude (marque de l') nɔ
hanche, bassin alìn, alin-mɛ̀
haricot ayì, ayikún
haricots (cassoulet de) abɔbɔ̀
haricots cuits à la vapeur (pâte de) àblǎ
harmattan wòó, wǒ

haut (en), dessus, sur, au-dessus de jǐ, jí

herbe, brousse, champ, chasse gbě

heure (sonnante) ganxixò

heure, rythme, fer, sonnerie gàn

hibou àzěxɛ̀

hier, demain (selon le contexte) sɔ

hommages, respects àvalú

homme (au sens d'être humain) gbɛtɔ́

homme (jeune) dɔ̌nkpɛ̀, dɔ̀nkpɛvú, dɔ̀nkpɛví

homme (opposé à "femme") nyà

homme (opposé à "femme"), mâle súnù

homme de "teint clair" et respectable davɔ̀

homme de grande taille et respectable dagà

homme de teint noir nyawì

hôpital, dispensaire dotóxwé

huile amì

huile rouge, huile de palme amivɔ, amivɔvɔ

huit tantòn

huit cents afɛnɛ̀

huitième tantóngɔ́

ici fí

igname tè, teví

igname pilée àgǔn

il, elle, cela, celui é

ils, elles, eux yě

imaginer, penser lìn

impoli, mal élevé jimakplón

impuissant (un) nɛ̀kúnɔ̀

incantations, des envoûtements (prononcer des) sabǒgbè

initié(e), voué(e) à une divinité hùnsì, hùndévá, hùnsɔ́, hùnsìkpɔkpɔ̀

insistance dans une interrogation (marque de l') kà

interrogation (marque de l') à

interrogation indirecte (marque de l') ají, ǎcejí

invisible (action de devenir) zìndídó

ivrogne, alcoolique ahannumúnòn

jamais gbeɖé

jamais, ne jamais kpón ǎ

jambes, cuisses sá, àsá

janvier àlunsùn

jarre (grande) pour la réserve d'eau fraîche dàzɛ́n

jarre (grosse) pour la musique de percussion zɛ̌nlì

je un

jeudi lamisì(gbè), nyɔ̀nuzan(gbè), vodúnzangbè

jeune et beau ɖɛkpɛ̀

jeunesse dɔ̀nkpɛvúmɛ̀

jeunesse féminine ɖyɔ̀vǐmɛ̀

joie àwǎ

joindre, rencontrer kpé

jonc fɛ́n

jour kézè

jour (quel jour ?) gbetɛgbè

jour de marché àxigbè

jour du marché des Adja àjàxigbè

jour et nuit zǎnkézè

jour, journée àzǎn

jour, le lieu (particule indiquant le) gbè

juillet liyasùn
juin ayidosùn
jumeaux hǒxò

jumeaux (mère de) hòxónòn, hòónòn (hòxónɔ̀)

jumeaux (père de) hòxótɔ́, hòótɔ́

jusqu'à ésù, éyì
karité (beurre de) lǐmù

là où fíɖě

la, le, lui ɛ̀ (variante de **è**)

là-bas dǒn

laisser jòdó
laisser tomber, ne pas en faire une histoire jòxódó
langue (l'organe) ɖɛ̌

lapin, lièvre àzwi
l'autre jour, ce jour-là gbenɛ́gbè

laver klɔ́

laver (se) lɛ̀

laver le corps (se) lɛ̀wǔ

le, lui, la ɛ̀ (variante de **è**)

légumes verts, feuilles, épinards mǎ

lentement, doucement dɛ̌dɛ̌

lèpre gudù, àzɔ̀nvɔ (périphrase)

lequel ɖètɛ́ (pronom interrogatif)

leur, d'eux, à eux yětòn

lever du jour àyìhón ("la terre s'éclaire")
lieu (particule qui marque le), sur xò
lieu, le jour (particule indiquant le) gbè
lièvre, lapin àzwi

lignage, famille akɔ

linceul cíɔvɔ̀

lion kinikíní

lion, chef des animaux kanlingán

lit akánmà

location (le fait de prendre en) didà

location (prendre en) da

louer, glorifier xomlá

lui, elle éyɛ, éé

lui, la, le ɛ̀ (variante de **è**)

lui, lui-même émi, emilɛ̌ (au style indirect)

lui-même éɖé (pronominal)

lundi tɛnîì, tɛnigbè

lune, mois sùn

ma, mon, de moi cè

mai nùxwasùn

main alɔ̀

maintenant din, lèhwénú

mais àmɔ̌, có, cobɔ̀, cóbó, loɔ̀

maïs gbadé

maïs fermenté (pain de) àblóò

maison (dans la), à la maison xwégbè

maison (dans la), dans la case xɔmɛ̀

maison, chez-soi xwé

malade (un), maladif àzinzɔnɔ̀

maladie àzòn, àzɔ̀n

mâle, époux àsú, sú

mâle, homme súnù

malheur àdrà

malheur, angoisse, difficulté afyɔ́n

mandarine lǐma

manger ɖù

manger avec quelqu'un kplékáxámɛ̀

manger ensemble (action de manger, de réunir les calebasses) kakpíkplé

manger quelque chose, manger ɖùnǔ

mangue măgà

manière (indique la) gbon-ɔ́, gbon-é (précédé de **lě-è**)

manioc fɛnyɛ̀

manquer de, manquer à hăn, han

marchandage axiɖiɖè

marchander, discuter le prix ɖèaxì

marchandise, fardeau, bagage, cadeau àgbàn

marchandises àjɔ̀nú

marchandises, action de vendre nùsísà

marché axì, aximɛ̀

marché (du feu) à Kana miɔxì

marché (faire le) xwlé axì

marché (grand) de Cotonou (au bord de la lagune) Tɔkpá(xì)

marché aux moutons à Bohicon gbɔ̆xì

marché central d'Abomey Hunjlo, hunjro, hunjloxì

marché de Kana àdɔgwinxì

marché de Kana (jour du) miɔxigbè

marché de Zogbodo zogbodoxì

marché des Adja résidant à Abomey àjăxì

marchés (intervalle entre deux) axigà

marche zonlìn
marcher, aller zòn
mardi gùzangbè, talatà, talatagbè
mariage (le fait de prendre un mari) àsudidà
mariage (le fait de prendre une femme en) asididà
marque du souhait, de l'ordre ní
mars xwejísùn
matin (le) zǎnzǎn
matin de bonne heure zǎnzǎn tɛ̀ɛn
matin, lever du jour àyìhón (= terre claire)
matinée zǎnzǎnhwemɛ̀
mauvais (être), mal faire nylǎ
médecin, docteur dotóò
médecin, guérisseur àzɔ̀ngblétɔ́, àzɔ̀ngbɔ́tɔ́
médicament, comprimé àtínkɛn
médicament, décoction amasìn
même pas kalɛ... ǎ
même pas vɔ́vɔ́ ǎ
même pas, pas même ma... gɛ́
menuisier àtínxwlɛtɔ́, xwlɛkpatɔ́
mer (maître –prêtre- de la) xunɔ̀
mer, océan xù
merci pour hier k'ánǎ (kwanǎ) (du Yoruba)
mercredi àzǎngagbè
mère (ma) nɔcè
mère de Asiba Àsíbánɔ̀
mère, possesseur de nɔ̀
métier à tisser àvɔlɔn-nú

midi hwèmɛ (entre 12h et 15h)

midi (plein) hwènyìhwǎn

mien (le), à moi nyɛtòn

mil (petit) likún, lì

milieu (au... de), centre tɛ́ntin

mille afàtóón

mille cinq cents francs (CFA) cákí ɖokpó àdaɖé

mille francs (CFA) cákí ɖokpó

minuit zǎnxwetè, zànvlɔ́ɖowè

moi mì, nyɛ, nyi

mois, lune sùn

moment (à n'importe quel) hwèɖebǔnù

mon, ma, de moi cè

montagne, pieu, piquet só

monter dans un moyen de transport dòhǔn

moquer (se) de quelqu'un kòmɛ

moquer (se), rire kò

moquerie, le fait de rire d'une personne mɛkikò

mort (adjectif) kúkú

mort (la) kú, òkú

mort (un) mɛkúkú

mort (un), un défunt, un cadavre humain cíɔ̀

mort, qui n'existe plus matíntɔ́

mouche sukpɔ̀

mourir kú

moustique zànsúkpɔ̀, zànsúkpɛ̀

mouton, chèvre, caprin gbɔ̌, lɛ̀ngbɔ̌

muet (être) kúɖɛ̌

mûrir, être rouge, être mûr myá

naissance, enfantement jijì

natte (en jonc) zàn

natte de plusieurs épaisseurs, sorte de matelas akɔ̀

natte légère fɛ́nɖɔ̀

nattes (tresseur de) zanlɔntɔ́

nature, atmosphère gbɛmɛ

ne jamais gbeɖé ǎ

ne pas ma... ó (interdiction)

ne pas donc (interro-négatif, réponse positive) ǎcé, ǎé

ne... pas kún... ó (au style indirect)

ne... pas ma... ǎ (dans une subordonnée)

ne... pas ma... nɛ́ (avec insistance)

ne... pas (négation forte) kún... ó

ne... personne mɛɖé ǎ (mɛɖé **une personne**)

ne... personne mɛtí ǎ

ne... plus sɔ́... ǎ

ne... rien nùɖé ǎ

négation (marque de la) ǎ

négation forte (particule de) ma

néophyte, initié(e) (jeune) àhè, hùnsɔ́, hùnsìkpɔkpɔ̀

nervure de branche de palmier dɛ̌kpà

nervure de branche de raphia bàdé

n'est-ce pas que ? ma... à

neuf (chiffre 9) tɛ́nnɛ̀

neuf, nouveau yɔ̀yɔ́

n'importe quel ɖěbǔ

noir wìwì

Noir (un) Mɛ wì

noirceur excessive viì (idéophone qui suggère une)

noircir, être noir wì

noix de coco àgonkɛ́

noix de palme dě, děkín, děkwín

noix de palme spéciale pour la consultation du Fá fádé

nom nyǐ, nyìkɔ

nom de famille akɔ-nyí

nom de fille Tɔsì

nom de fille née après des jumeaux Dosí

nom de fille née avec le cordon ombilical autour du cou et de la ma
Bǒjɔ̀ ou Bǒsì

nom de fille née le cordon ombilical autour du cou Bokɔ́sì

nom de fille née par le siège Àgɔ̀sì

nom de fille née sur un chemin Alixosì

nom de fille née un dimanche Àsíbá

nom de fille née un jeudi Àyàbá

nom de fille née un mardi Abláwá

nom de fille née un mercredi Àkwávı́

nom de fille née un samedi Báyí

nom de fille née un vendredi Àfyáví

nom de garçon Tɔsú

nom de garçon né après des jumeaux Dosú

nom de garçon né avec le cordon ombilical autour du cou
Bokɔ́ ou Bokɔ́sà

nom de garçon né avec le cordon ombilical autour du cou et de
main Bǒsú ou Bòjrɛnǔ

nom de garçon né par le siège Àgɔ̀sú
nom de garçon né sur le chemin Alixonú
nom de garçon né un dimanche Kɔsí
nom de garçon né un jeudi Kɔoví
nom de garçon né un lundi Kɔjó
nom de garçon né un mardi Kɔmlá
nom de garçon né un mercredi Kɔkú
nom de garçon né un samedi Kɔómlá
nom de garçon né un vendredi Kofí
nom d'enfant inespéré, Dieudonné Sɛná
nom d'enfant né contre toute attente des voisins Yĕlynă
nom d'une jumelle Dɔ̀lu
nom d'une princesse légendaire de la cour royale d'Abomey Àhwlikpɔnúwà
nom fort àdàn-nyí, nyìsyɛ́nsyɛn
nom, vrai nom nyĭ-titeungbè
nombril hɔ̆n
nommer (se nommer, être, s'appeler) nyĭ, nyí
noms de deux garçons jumeaux Sagbó (Zinsú)
noms de deux garçons jumeaux Zinsú et Sagbó
noms de jumeaux (fille et garçon) Zìnxwe et Zìnsú
noms de jumeaux (garçon et fille) Zìnsú et Zìnxwe
noms de jumelles Yàyá (Dɔ̀lu)
non éŏ
notre, de nous mĭtòn
nourriture, aliment nùɖúɖú
nous mĭ

nous tous mǐ bǐ

nouveau, neuf yɔ̀yɔ́

Nouvel An Xwè Yɔ̀yɔ̀

novembre àbɔxwisùn

noyau, pépin, grain, graine kwín

nuit zǎn

nuit (au cœur de la) zànxoxomɛ̀

nuit (dans la) zǎnmɛ̀

nulle part fiti ǎ, fíɖé ǎ

oblation, offrande aux dieux, sacrifice offert vɔ̌

obscurité (dans l') ablumɛ̀

obscurité ablù, zinflu, zǐn

octobre zɔ̌sùn

œil nukún

œuf àzìn

offrande vɔ̀sánú

offrande rituelle vɔ̀sísá

oignon ayoma

oiseau xɛ̀

on è

oncle maternel nyɔlɔ̀n

oncle maternel (mon) nɔcenɔví súnù

oncle ou tante maternel nɔcenɔví

oncle paternel (mon) ou ma tante paternelle tɔcenɔví

oncle paternel (petit) ataví

onze wǒ-ɖokpó

or, alors que (opposition) àdiì

orange (une) yovózɛ̀n

oranger yovozɛntín

ordre (marque de l'ordre, du souhait) ní

oreille, bord tó

originaire d'Abomey àgbòmɛnù

originaire de Cotonou Kútɔnutɔ́

origine (particule qui marque l'origine, la qualité, l'état, l'agent) -tɔ́

origine, la provenance, le bord (particule marquant l') nù

orphelin(e) de mère nɔcíɔvi

orphelin(e) de père tɔ́cíovi

orteil afɔví

où (d'où, origine, provenance) fitɛ́nù

où, à quel endroit ? fitɛ́ ?

ou, ou bien àbǐ, àlǒ

ouate, fibre, poil fún

oui ɛɛn (uun)

oui (merci) oo

pain pɛ́ɛ̀n, wɔ̀xúxú

palais royal d'Abomey ou de Porto-Novo hɔnmɛ̀

palissade, clôture kpá

palmeraie dĕkàn

palmier dĕ, dètín

palmier rônier àgontè

paludisme (maladie du sommeil) hwezívɔ́, hwezívɔ́zɔ̀n

pamplemousse azongbó

panier xasùn

panier (petit), corbeille sunví, xasùn, xasunví

panier à bagages àgbànxasùn

panier spécial pour transporter des régimes de noix de palm dèfɔxasùn

panthère kpɔ̀

papaye kpɛ̀n

papayer kpɛntín

paradis, ciel sɛ́xwé (= maison de l'âme, du destin)

parce que, car ɖó

pardon (demander), supplier sàvò, dǒkɛnklɛn

pardon, de grâce, s'il te plaît kɛnklɛn

pardon, laissez passer àgoò

pardon, supplication vòsísà

pardonner, guérir, arrêter, cesser gbɔ̀

parole xó

partir, aller yì

partir, démarrer sún

pas du tout ɖěbǔ ǎ

passer wayì

passer par gbòn

passer, dépasser dín, dǐn

patate douce dokwín

pâte (de maïs) wɔ̀ɔ́, wɔ̌

pâte à l'huile rouge amíwɔ́

pâte de farine línfínwɔ́

pâte de farine d'igname séchée telíbɔ́

pâte de gari galíwɔ́

pâte de la veille wɔ̀fléflé, wɔ̀kolí

pâte de maïs gbadéwɔ́

pâte de maïs fermenté non cuit gì

pâte de maïs fermentée, cuite, emballée dans les feuilles akasá, kansán

pâte du soir gbadawɔ́

pâte fermentée, cuite, non emballée gìwɔ́

patient (être) kúhǔn

pauvreté yà

payer sú

payer sa dette sú axɔ́

pays tò, tomɛ̀

pays des assassins alɛdatomɛ̀

paysan voué à la culture glesì

peine, effort, gêne tagbà

peler, tailler, ciseler kpà

penser que, croire que vɛsín

penser, imaginer lìn

perdrix àsɔ̀, asɔklé

père tɔ́, dǎ

père (de Kofi) Kofítɔ́

père (mon) tɔ́cè

père de Asiba Àsíbátɔ́

personnage (grand) mɛɖaxó

personne (une), un être humain mɛ

pet àwɔ̌n

péter ny'àwɔ̌n, nyɛ̀ àwɔ̌n

petit kpɛví, vǔ

petit (être) hwè

petit, minuscule kpɛví

petit-fils vìvú

pétrole klazîin
peur xɛsì
peur (de... que) tá... wá (tá... á)
peureux xɛsinò, xɛsinɔ̀
pharmacien amasinɖatɔ́
pied afɔ̀, fɔ̀
pigeon àhwanɛ́
piment takín
pintade sonù
pipe àzɔkwɛ́
piquet, pieu, montagne só
place tɛ̀n
placer, disposer, attribuer à (provoquer) ɖŏ
planche xwlɛ̀
plante de décoction contre le paludisme kinkélíba
plante médicinale koklosúdɛ̀nkpájɛ́
plateau en vannerie atɛ̀
pluie jĭ
pluriel (marque du) lɛ́
plus... que, comparatif de supériorité hú
pneu penɛ́ɛ̀n
poil, ouate, fibre fún
poisson hwè, hweví
poitrine àkɔ́n
poivre de Guinée àtákún
politique politíkì
pomme sauvage àslɔ́, àsrɔ́
porc àgluzà

portail, fossé, enceinte àgbǒ
porte hòn
possesseur, mère nɔ̀
postulant à l'initiation hùnɖotè
pot, poterie zɛ̌n
poterie pour le culte de la divinité Lisà lisazɛ́n
poterie pour le culte de Tɔ́xɔ́sú (monstre des eaux) tɔ́xɔ́súzɛ́n
poterie pour le culte des enfants morts-nés àbìkúzɛ́n, àjalalazɛ́n
poterie pour le culte des jumeaux hòxozɛ́n, hòxogbán
poterie pour le culte du dieu serpent dangbézɛ́n
poterie pour le culte d'un enfant né après des jumeaux dosúzɛ́n
poterie vodoun vodúnzɛ́n
poule kokló–sì
poulet kokólò, koklô
pound (anglaise) kpɔ́ùn
pour que... ne... pas nú... má... ó
pour, afin de, pour que bódó, b'adó
pour, dans l'intention de bónádó, bónú, bóná, b'á
pour, dans, à cause de dó
pourpier glàséma
pourquoi ? aniwú(tú), étɛ́wú(tu), nɛ̌gbòn, nɛ̀wɛgbòn ?
pourquoi ? qu'est-ce qui s'est passé pour que... ? aniwɛ jɛ̀ bɔ̀ ?
pousser, heurter, cogner sɔ́
pouvoir sìxú (verbe)
premier nukontòn
prendre zě
prendre, recevoir yǐ
prendre, saisir sɔ́

présent, debout (être) ɖòtè

presser (se), se dépêcher yǎwǔ

prêt, proche, rapide (être) yǎ

prier (action de), prière ɖɛxixò

prière ɖɛ̀

prières (faire les) xoɖɛ̀

prince àxɔ́ví

princesse de la famille royale d'Abomey Nà

prix (dire, annoncer, le) dǒaxì

proche, prêt, rapide (être) yǎ

produire, enfanter jì

produire, rejeter, faire sortir nyɛ̀

proférer, vendre sà

profondeur excessive (idéophone qui suggère une) hoò

prosterner (se) le front contre terre, rendre hommage ɖèkɔ́

provenance, le bord, l'origine (particule marquant la) nù

providence, destin, force vitale, âme, esprit **sɛ**

provinciaux àgbògúdonù (péjoratif)

puiser dùn, dà

puisque, comme ɖěè... ɔ́

puisque, comme, quand éè... ɔ´

purée de haricots fɛcúàdà

purée, ragoût anyà

python dàngbé

quand ? à quel moment ? hwetɛ́nu

quand, lorsque, temps, époque hwenù

quarante kanɖé

quartier des tisserands d'Abomey Gbɛkɔ̀n

quatre ɛ̀nɛ̀

quatre cents afɔwè

quatre-vingts kanwè

quel ? (adjectif interrogatif) tɛ́, étɛ́

quel chemin ? alitɛ́

quelque part fíɖé

qu'est-ce qui fait que ? aniwɛ zón bɔ̀ ?

queue sí

queue de cheval sɔ́sí

qui ? quelle personne ? mɛ̌

qui est-ce (qui) ? mɛ̌ wɛ̌

quidam, inconnu (un) nyaɖé

quinze afɔtɔ̀n

quitter, venir de gosǐn, gosín

quoi ? quelle chose ? qu'est-ce que ? étɛ́, nùtɛ́, nɛ̌, nɛ̌wɛ̀, ani

raboter xwlɛ́

racine ɖɔ̀

ramasser, attraper bɛ̌

ramasser, choisir cyán

ramasser, tirer, sortir, enlever, ôter ɖè

raphia ɖɛ̌

raphia (fil de) ɖɛ̌kàn

raphia (palmier raphia) ɖɛ̀tín

rapide, prêt, proche (être) yǎ

rasoir hǎ

recevoir, prendre yǐ

récolter yà
refuser, dire non gbɛ̌
regarder kpón, kpɔ́n
regarder (le fait de) kpínkpón
regarder un spectacle kpɔ́n-nǔ
région de Savalou et ses habitants maxí
réjouissances, manifestations de joie àwàjijɛ̀
religion, croyance nùsinsɛ̀n
remerciements kpɛdido, kúdídó
remerciements, saluts kú, okú (du Yoruba)
remercier dòkú
rencontrer, joindre kpé
rendre jǒ
rendre (action de) jìjó
rendre hommage j'ǎválú (jǒ àvàlú)
résister, se défendre, échapper glǒ
rester, demeurer, habiter nɔ̀
retourner (se) lɛ̌-kɔ̀ (= tourner le cou)
réunion, action de réunir kplé, kplékplé, kpíkplé
réunir, rassembler kplé
réveiller (se), se lever, réveiller quelqu'un fón
riche (un) dɔkunnɔ̀, àkwɛnɔ̀
rien du tout nùtí ǎ
rire (le fait de) kikò
rire, se moquer kò
rivière, fleuve, source tɔ̀
riz mɔ̌likún
roi àxɔ́sú, xɔ́sú

roi, grand-père Dadá, Daá
roi, roi de la terre (euphémisme et périphrase pour désigner la variole) àxɔ́sú, àìxɔ́sú
roturier, homme du peuple anatɔ́
rouge vɔvɔ, vɔɔ
rouge excessif (idéophone qui suggère un) hɛ̀ɛ̀
rouler, enrouler, louer, glorifier màlan, mlǎn
route, chemin alì, alixò
rythme, fer, sonnerie, heure gàn
sa, son, de lui, d'elle -tòn, -tɔ̀n (suffixe)
sable, terre kɔ́
sac cákí (en yoruba)
sac (à main), porte-documents àglò
sac (de jute) atì
sac en jonc kɛnví
sac, poche àdɔ́kpò, akpò
sacrificateur vɔ̀sátɔ́
sacrifice (offrir un) sávɔ̌
sacrifice offert, oblation, offrande aux dieux vɔ̌
saisir, prendre sɔ́
saison des pluies (petite) zǒ
salade saladà
salon, antichambre àgbasá
salut pour être resté à la maison kulé
salut pour le travail kwicɛ (du Yoruba)
salutation gbedomɛ̀
saluts, remerciements kú, okú (du Yoruba)
samedi sibigbè

sang hùn
sanglier gbègluzà
sans, ne pas ma
sauce nùsúnú
sauce gluante dɛnú
sauce gluante (feuille pour faire la) nɛ́núwi
sauver, acheter xɔ̀
savoir, connaître nyɔ, nyɔ̌
savon àɖǐ
sculpter le bois kpàtín
sculpteur àtínkpatɔ́
sculpteur de statuettes bòcíɔ́kpatɔ́
sculpture sur bois àtínkpíkpà
sécheresse àlǔn
seconde (une) cɛju ɖokpó
Seigneur-Dieu Àklúnɔ̀
seins ànɔ̌
seins longs et flasques ànɔ̀kàn (= seins-cordes)
seize afɔtòn–nukún-ɖokpo
sel jɛ̀
semaine vodúngbeglamɛ̀
semer, devenir, lancer vers, monter dans dǒ
sept tɛ́nwè
serpent dàn
serviette (de toilette) wùsúnsún-nú
serviteur, acolyte devá, deví
sésame gùsí
si (condition, hypothèse) ényí… ɔ́

siège zinkpò
sien (le), à lui eyɛtòn, éétòn
singe cercopithèque zǐn, zìnyó
six aizɛ́n
sœur nɔví nyɔ̌nú
sœur (grande) dadá
sœur (ma) ou mon frère nɔvíce
sœur ou frère nɔví
soif sinnugblá
soir gbadanu
soirée, soir gbàdà
soixante francs ɖɔlà wěwè (= douze dollars)
sol, terre àyǐ
soleil hwè
solide, fort syɛ́nsyɛ́n
sommeil amlongɔ́, amlòn
son, sa, de lui, d'elle -tòn, -tɔ̀n (suffixe)
sonnerie, heure, rythme, fer gàn
sorcellerie àzě
sorcier àzètɔ́
sorcier (devenir) ɖù àzě
sorcier, empoisonneur àzɔ̀nɖatɔ́
sorgho abɔkún, abɔ̀
sortir, apparaître tón
souhait, de l'ordre (marque du) ní
souhait, du conseil (marque du) ló
source, rivière, fleuve tɔ̀
sous, au pied de, cuisse àsá, sá

spectacle nùkpínkpɔ́n

spectateur nùkpɔntɔ́

stationnaire kɛ́ɖɛ́

statuette en bois bòcíɔ, bòcíɔ́vi

stérile àjìzuntɔ́, majìdĕnɔ̀ (pour une femme)

sucré, doux, bon viví

suffisant (être), grandir, croître sù

suite (tout de suite), aussitôt tróló

supplément donné par la vendeuse xúná

supplication, pardon vòsísà

supplier, demander pardon sàvò

sur (particule qui marque le lieu) xò

surnom nyìjíjɛ̀

surveiller, faire attention à cɔ́

ta, ton, de toi -towè

tabac, fumée àzɔ̀

tailler, ciseler, peler kpà

tailler, ciseler, peler (action de) kpikpà

tailleur, couturier nùtɔtɔ́

talisman bŏ glŏ, gbɔ́tèmí, sóxwíwè

tam-tam (gros) hùngán

tam-tam (joueur de) hùnxótɔ́

tam-tam (petit) hŭn-ví

tam-tam de l'eau sinhún

tam-tam moyen hŭn-nɔ̀

tam-tam, battements du cœur, cœur hŭn, òhŭn

tante maternelle (ma) nɔcenɔví nyɔ̆nù

tante maternelle (petite) nafí

tante ou oncle maternel nɔcenɔví

tante paternelle dǎnyɔ̌nù

tante paternelle tasí (du Mina)

tarder lǐn

taro glɛ̀n

taxi tasîì

taxi-moto, "zemidjan" zěmìjàn

téléphoner tɛkàn

temple vodoun vodúnxɔ̀, hùnxɔ̀

tenir, garder hɛ̀n

terre, sable kɔ́

terre, sol àyǐ

tête ta

thé tîì

tien (le), à toi hwɛtɔ̀n

tirer (un coup de fusil) dà, dà-tú

tissage, tressage, action de tisser ou tresser linlɔ̀n, nùlínlɔ̀n

tisser, tresser un objet lɔ̀n, lòn, lɔ̀n-nǔ

tisserand àvɔlɔntɔ́

tissu (grand), pagne spécial pour enterrement (linceul) avɔ̀gán

tissu, pagne àvɔ̀

toi hwɛ, hwi

toi (complément d'objet) we

toilettes, WC àdàdò

tomate timati

tombe, tombeau yɔ̀, yɔdò

tomber enceinte mɔ̀xò

ton, ta, de toi -towè

tôt (le matin) tɛɛ̀n (idéophone)

toujours tɛgbɛ̀

tourner lìlɛ́ (lɛ̀ɛ́)

tourner, retourner lɛ̌

tout à fait, totalement bìsésé

tout droit tlélé (téélé)

tout, complétement, totalement bǐ

toux kpɛ́n

train, autorail pípan

transport (moyen de) hǔn

travail àzɔ̌

travailler wàzɔ̌

travaux des champs glezɔ́

tremblement, le fait de trembler sísɔ́sísɔ́

trembler sísɔ́

trente gbàn

trente-cinq gban-àtóón

trente-sept gban-àtóón-nukún-wè

très trala

très, beaucoup trala

très, vraiment dódó

tressage, tissage nùlínlɔ̀n

triste (être) kúwǔ

trois atòn

trop dín

trou, en bas dò

trouver, avoir, voir, apercevoir mɔ̀

tu à

tuberculose kpɛ́nwé

tuer hù

un certain ɖé, ɖe (après un nom) (indéfini)

un, un seul ɖokpó, ɖě (numéral)

uniforme de fête ankóò

urine àɖɔ̌

vache, veau, bœuf nyibú

vanneries (action de tresser un panier, des) xasunlinlɔ̀n

vannier xasunlɔntɔ́

variole (divinité de la) Sakpatá

vase en terre kɔ́gbán

vase, assiette agbǎn

veau, vache, bœuf nyibú

véhicule automobile, voiture mɔ̌to

vendeur, vendeuse axisì, nǔsatɔ́

vendeuse de tissus àvɔnɔ̀

vendre (bien se) ɖisà

vendre (marchandises, action de) nùsísà

vendre à crédit sàaxɔ́

vendre, proférer sà

vendredi àxɔ́súzángbè

venir wǎ

venir (action de), venue wìwǎ

venir de, quitter gosǐn, gosín

venir, arriver (être en train de) jǎwè

vent, air jɔ̀, jɔhɔ̀n

vente (proposer à la), divulguer, dénoncer, publier jlǎ, jàlá

vente, annoncer à la criée, publier (proposer à la) jlǎ, jàlá

ventre xomɛ̀

ventre, grossesse xò

verge nɛ̀ɛ́n

viande làn

vie, monde, bonheur gbɛ̀

vieillard, vieille degénɔ̀, degénɔví, nyɔ̀ɖáxó, nyɔ̀xó, nyɔ̀ɖáxón nyɔ̀xónɔ̀ (termes génériques)

vieille femme nyɔ̀ɖaxoví

vieillesse dégé, kpíkpò, kpúkpò

vieillesse (état de) kpíkpómɛ̀

vieillir (pour les être humains) kpò

vieillir (pour les objets) dòxó

vieux, ancien, âgé xoxó, xóóxó

ville (en pleine ville, dans la ville) toxomɛ̀

ville d'Allada Aladà

ville d'Athiémé Àtínwemɛ̀

ville de Cotonou Kútɔnu

ville de Ouidah Glexwé (= maison des champs)

vin de palme atàn

vingt ko

vingt-cinq ko-àtóón

vingt-cinq francs kpɔ́ùn ɖokpó

vingt-deux ko-nukún-wè

vingt-et-un ko-nukún-ɖokpó

vingt-neuvième ko-àtóón-nukún-ɛnɛgɔ́

vingt-six ko-àtóón-nukún-ɖokpó

visage, figure núkúmɛ̀

vodoun (adepte du) vodúnsì

vodoun (divinités), ou Vodoun vodún

vodoun, divinité (chef d'une) vodúnɔ̀

voici ɖíè

voilà nɛ

voir, apercevoir, trouver (avoir) mɔ̀

voix gbè

votre, de vous mitòn

vouloir jló, jlǒ

vous mi

vraiment, beaucoup ɖésú

Bénin

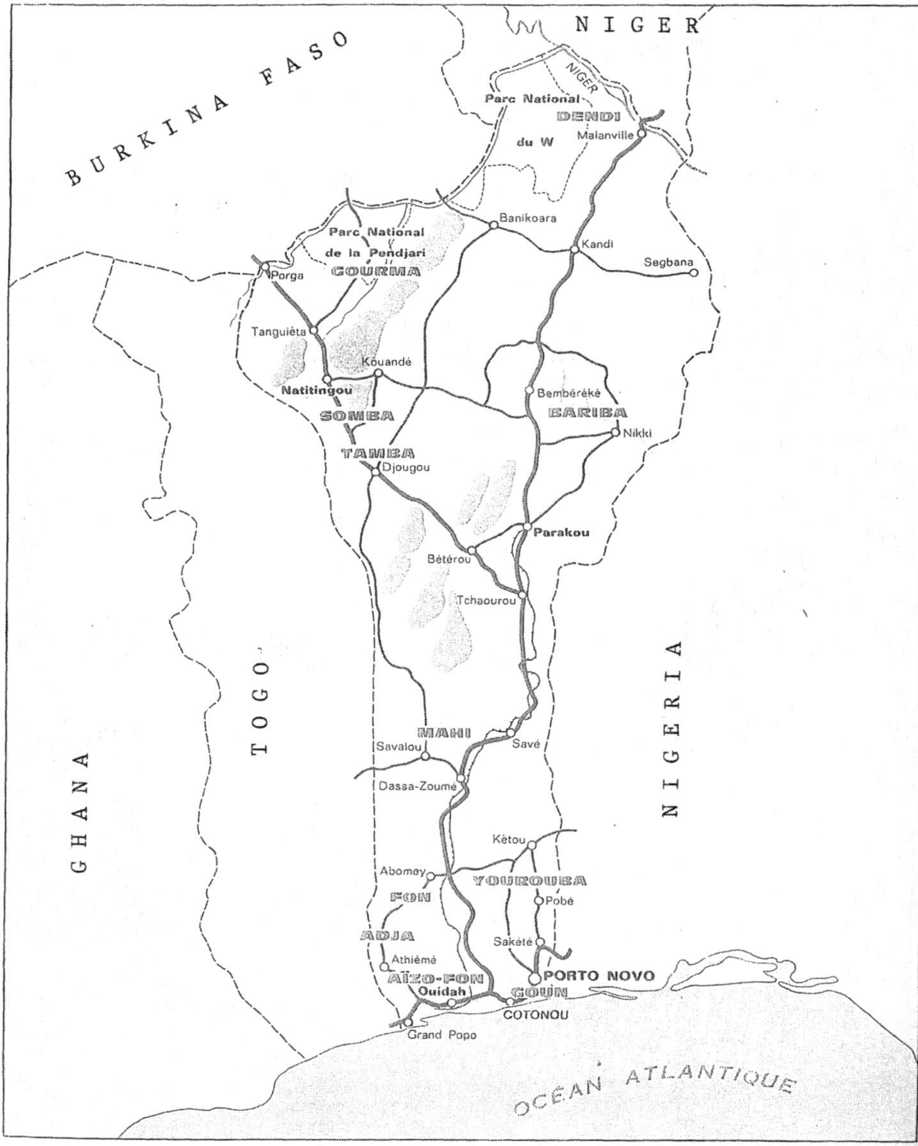

NIGER
BURKINA FASO
NIGER
Parc National
DENDI
du W
Malanville
Banikoara
Kandi
Segbana
Parc National
de la Pendjari
GOURMA
Porga
Tanguiéta
Kouandé
Natitingou
SOMBA
TAMBA
Djougou
Bembéréké
BARIBA
Nikki
Parakou
Bétérou
Tchaourou
TOGO
GHANA
NIGERIA
MAHI
Savalou
Savè
Dassa-Zoumé
Kètou
Abomey
YOUROUBA
FON
Pobè
ADJA
Sakété
Athiémé
PORTO NOVO
AÏZO-FON
Ouidah
GOUN
COTONOU
Grand Popo
OCÉAN ATLANTIQUE

BIBLIOGRAPHIE SOMMAIRE
(par année de parution)

- QUENUM Maximilien, 1938, Au pays des Fons, us et coutumes du Dahomey, 3e édition revue et corrigée, Maisonneuve Larose, 1983, Paris, 167 pages
- SEGUROLA Bernard, 1963, 1968, Dictionnaire Fon-Français, second tirage, 1968, Cotonou, 2 volumes, 644 pages
- ALEXANDRE Pierre, 1967, Langues et langage en Afrique Noire, Payot, Paris, 171 pages
- LALLEMAND Suzanne, 1975, "Tête de loque, insulte et pédagogie chez les Mossi", in, Cahier d'études africaines, n° 60, vol. XV, 4e cahier, pp. 649-667
- SAVARY Claude, 1976, La pensée symbolique des Fons du Dahomey, éditions Médecine et Hygiène, Genève, 396 pages
- ADOUKONOU Barthélémy, 1979, "Pour une problématique anthropologique et religieuse de la mort dans la pensée adja-fon", in La mort dans la vie africaine, UNESCO-Présence Africaine, Paris, 335 pages, pp. 117-330
- A.C.C.T. (Agence de Coopération Culturelle et Technique), 1980, Paris, L'artisanat créateur au Bénin, 95 pages
- C.N.R.S. (Centre National de Recherche Scientifique), 1981, Paris, Les langues dans le monde ancien et moderne : Afrique subsaharienne, Pidgins et Créoles, 691 pages, + cartes

- LABURTHE-TOLRA Philippe, 1981, "Note sur la vengeance chez les Béti", in, La vengeance, tome 1, éditions Cujas, pp. 157-166

- ANONYME, 1983, Eléments de recherche sur la langue fon, Cotonou, 132 pages

- GUEDOU Georges, 1985, Xó et gbè, langue et culture chez les Fon (Bénin), SELAF, Paris, 1986, 550 pages

- FADAIRO Dominique, 1986, Proverbe et critique sociale chez les Fon du Bénin, thèse Ph. D., Paris V-Sorbonne, 968 pages

- RASSINOUX Jean, 1987, Dictionnaire Français-Fon, Imprimerie Dumas, Saint-Etienne, 406 pages

- UNICEF-COTONOU, 1991, Enfants et femmes, avenir du Bénin, 215 pages

- PASSOT, Bernard, 1993, Le Bénin, L'Harmattan, 1993, 336 pages

- DIRECTION DE L'ALPHABETISATION, 1995, Guide pratique de transcription du fongbe, Cotonou, 56 pages

TABLE DES MATIERES

Collection **Parlons...**
dirigée par Michel Malherbe

Dernières parutions

Parlons alsacien, 1998, R. MULLER, JP. SCHIMPF
Parlons islandais, 1998, S. BJARNASON
Parlons jola, 1998, C. S. DIATTA
Parlons francoprovençal, 1999, D. STICH
Parlons tibétain, 1999, G. BUÉSO
Parlons khowar, 1999, Érik LHOMME
Parlons provençal, 1999, Philippe BLANCHET
Parlons maltais, 1999, Joseph CUTAYAR
Parlons malinké, 1999, sous la direction de Mamadou CAMARA
Parlons tagalog, 1999, Marina POTTIER
Parlons bourouchaski, 1999, Étienne TIFFOU
Parlons marathi,1999, Aparna KSHIRSAGAR, Jean PACQUEMENT
Parlons hindi, 1999, Annie MONTAUT et Sarasvati JOSHI
Parlons corse, 1999, Jacques FUSINA
Parlons albanais, 1999, Christian GUT, Agnès BRUNET-GUT, Remzi PËRNANSKA
Parlons kikôngo, 1999, Jean de Dieu NSONDE
Parlons téké, 1999, Edouard ETSIO
Parlons nahuatl, 1999, Jacqueline de DURAND-FOREST, Danièle DEHOUVE, Éric ROULET.
Parlons catalan, 2000, Jacques ALLIÈRES.
Parlons saramaka,2000, D. BETIAN, W. BETIAN, A. COCKLE, M.A. DUBOIS, M. GINGOLD.
Parlons gaélique, Patrick Le BESCO, 2000.
Parlons espéranto (deuxième édition, revue et corrigée), 2001, J. JOGUIN.
Parlons bambara, I. MAIGA, 2001.
Parlons arabe marocain, M.QUITOUT, 2001.
Parlons bamoun, E. MATATEYOU, 2001.
Parlons live, F. de SIVERS, 2001.
Parlons yipunu, MABIK-ma-KOMBIL, 2001.
Parlons ouzbek, S. DONYOROVA, 2001.

655544 - Mai 2016
Achevé d'imprimer par

1livre.com
du rêve à la réalité !